'왜?'라고 묻지 않는
소통의 질문력

"II SHITSUMON" WO 40NEN MIGAKITSUZUKETA TAIWA NO PRO GA TADORITSUITA
"NAZE" TO KIKANAI SHITSUMONJYUTSU

by Toyokazu Nakata
Copyright ©2025 Toyokazu Nakata
Korean translation copyright ©2025 by ALPHA MEDIA
All rights reserved.

Original Japanese language edition published by Diamond, Inc.
Korean translation rights arranged with Diamond, Inc.
through The English Agency (Japan) Ltd., and Sienna Jo Agency

이 책의 한국어판 저작권은 시에나조 에이전시를 통한 Diamond, Inc.와의
독점계약으로 알파미디어에 있습니다.

'왜?'라고 묻지 않는
소통의 질문력

나카타 도요카즈 지음 | 김정환 옮김

알파미디어

목차

프롤로그 • 007

0장 질문이 좋지 않으면 대화가 꼬인다

"왜?"라고 묻는 건 대화가 꼬이는 지름길이다 • 013
"왜?"라는 질문은 상대에게 변명을 강요한다 • 019
이유를 물어보면 대화가 엇나간다 • 025
"어땠어?"라는 질문은 상대에게 부담을 준다 • 028
"무엇이 문제입니까?"라는 질문은 오히려 문제를 만들어낸다 • 032
"의견을 들려주십시오."라는 말은 쓸데없는 의견을 말하게 한다 • 036
"평소에", "사람들"처럼 추상화해서 질문하는 것은 좋지 않다 • 038
좋지 않은 질문의 공통점은 '선입견을 일으킨다.'라는 것이다 • 042
'선입견 질문'을 배제하고 대화하는 방법 • 046
"왜?"라는 질문은 언제 사용해야 할까? • 050

1장 '사실 질문'이 왜 좋은 걸까?

'선입견 질문'은 왜 대화를 꼬이게 만들까? • 055
'선입견 질문'은 '사실 질문'과 정반대 지점에 있다 • 061

양쪽의 해석이 충돌하면 대화가 붕 뜬다 · 066
붕 뜬 대화를 사실의 힘으로 끌어내린다 · 069
해석은 무수히 많지만 사실은 한 가지뿐이다 · 072
'사실 질문'을 담담하게 반복해야 해석을 일치시킬 수 있다 · 075
사실과 해석을 분리하면서 메타인지 능력을 키울 수 있다 · 080
[유용한 실전 기술] '감정 질문'은 억지로 하지 않아도 된다 · 082

2장 '사실 질문'은 어떻게 만들까?
–정의와 공식–

사실 질문은 '답이 한 가지로 압축되는 질문'이다 · 087
선입견 질문을 사실 질문으로 바꾼다 · 091
생각하게 하지 말고 기억을 떠올리게 해라 · 097
'언제?'라고 묻는 건 강력한 '사실 질문'이다 · 100
'사실 질문'의 다섯 가지 기본 공식 · 105
 '과거형', '시간·주어'를 의식하자 · 130
[유용한 실전 기술] '선입견 질문'을 받았을 때의 대처법 · 132

3장 '사실 질문'을 어떻게 이어 갈까?
−시작하는 방법부터 끝내는 방법까지−

STEP 1 처음에는 어떤 질문으로 시작하든 상관없다 · 137
STEP 2 상대의 대답에 맞춰 다음 질문을 이어 간다 · 142
STEP 3 대화가 멈췄다면 분기점으로 돌아가 다시 시작한다 · 151
STEP 4 대답하기 쉬운 질문을 한다 · 159
STEP 5 어떻게 끝낼지는 생각하지 않아도 된다 · 166
[유용한 실전 기술] 항상 '사실 질문'을 할 필요는 없다 · 170

4장 '사실 질문'이 모든 것을 해결한다

해결은 해 주는 것이 아니라 시키는 것이다 · 175
1단계 문제나 과제를 정의한다 · 180
2단계 당사자가 누구인지 확인한다 · 187
3단계 사실을 바라보고 현실을 부각시킨다 · 193
4단계 해결을 위해 '믿고 기다린다' · 225

에필로그 · 233

프롤로그

 이 세상에서 일어나는 대부분의 문제는 사실을 잘못 인식하면서 발생한다. 이는 업무 현장에서도, 인간관계에서도 마찬가지다. 그렇다면 사실을 정확하게 인식하려면 어떻게 해야 할까? 한마디로 말하면 올바른 질문을 던지면 된다.
 질문에는 좋은 질문과 좋지 않은 질문이 있다. 우리는 "왜?"라고 질문하는 경우가 굉장히 많은데, 이는 가장 좋지 않은 질문 중 하나이다. 원인을 분석하려면 "왜?'라는 질문을 다섯 번 반복하라."라고 말하는 사람도 있지만, 이것도 틀렸다. 그 이유는 애초에 다른 사람에게 "왜?"라고 물어보는 것 자체가 좋지 않기 때문이다.
 '왜?'라고 묻는 게 좋지 않은 이유는 무엇일까? 그것은 이 질문이 그 의도와 상관없이 상대의 '선입견'을 끌어내는 경향이 있기 때문이다. 이 책은 그 사실을 이해하는 데서부터 출발한다.

나는 1978년 무렵 프랑스에서 인도차이나 난민과 만난 이후 40년 넘게 개발도상국 지원 사업에 힘을 보태고 있다. 그동안 스승이자 친한 동료 사이인 와다 노부아키 씨와 인도, 방글라데시를 비롯한 20개국이 넘는 나라에서 지원 활동을 펼쳤다. 그런데 지난 세월 상식도 가치관도 생활양식도 완전히 다른 사람들과 교류하면서 나는 줄곧 어떤 찜찜함을 느꼈다.

'그들이 나에게 이야기하는 문제가 정말 그들의 진짜 문제인 걸까?'

'서로 피상적인 이야기만 주고받을 뿐, 그들의 본심은 전혀 듣지 못하고 있는 게 아닐까?'

이런 생각은 결국 '우리의 지원 활동이 그들의 문제를 해결하는 데 실질적인 도움을 주고 있는 것일까?'라는 근본적인 질문으로 이어졌고, 그럴수록 나의 찜찜함은 더욱 커져 가기만 했다. 무엇을 어떻게 해야 할지, 애초에 이 찜찜함이 대체 어디에서 온 것인지 당시의 나로서는 도무지 알 수 없었다.

마치 불투명한 유리가 눈앞을 가로막고 있는 듯한 상황이 20년 넘게 지속되던 어느 날, 나는 유일하다고 할 수 있는 해결책과 마주했다. 그것이 바로 이 책에서 소개하려고 하는 '사실에 근거를 둔 질문법'이다. "왜?"라고 질문해서는 안 되는 이유를 깨닫기 전의 나는 틀림없이 '선입견'의 세계에 갇혀 있었다. 그곳에서 빠져나오는 데 무려 20년이나 걸린 것이다.

사실에 근거를 둔 질문법은 모든 해석을 배제하고 서로가 사실을 담담하게 주고받는 '지적인 의사소통법'이다. 그 후 나는 20년 이상 이러한 소통법을 직장인과 사업가, 의료·복지 관계자, 국내외 대인 지원 전문가 등 1만 명이 넘는 사람에게 전수해 왔다. 이 방법을 깨닫기까지 20년이 걸렸고, 사람들에게 전수한 지도 벌써 20년이 흐른 셈이다.

'사실 질문'은 누구든 할 수 있다. 단순하기 때문이다. 하지만 깊이 파고들면 매우 오묘한 부분이 있다. 그래서 결국 질문하는 사람의 지적인 감각이 중요하다.

'사실'을 정확히 확인하고, 그 '사실'에 근거해서 대화해야 한다. 우리가 해야 할 것은 이것이 전부다. 이보다 단순하고 보편적인 의사소통법은 내가 아는 한 존재하지 않는다. 이를 깨닫게 된다면 더는 예전으로 돌아가지 못할 것이다. 이 책을 읽고 나면 사실과 선입견이 뒤엉켜 어지러운 이 세상을 바라보는 시각이 완전히 달라질 거라는 걸 약속한다.

0장

질문이 좋지 않으면
대화가 꼬인다

좋지 않은 질문들은 상대의 '선입견'을 불러일으킨다. 자신이 '선입견 질문'을 하고 있다는 것을 깨닫지 못한 채 질문하면 생각지도 못한 문제를 일으킬 수 있다. '선입견 질문'을 하는 사람은 애초에 자신이 선입견을 가지고 있다는 것을 깨닫지 못한다. 또한 돌아온 대답이 상대의 '선입견'이라는 것도 깨닫지 못한다.

"왜?"라고 묻는 건 대화가 꼬이는 지름길이다

질문에는 좋은 질문과 좋지 않은 질문이 있다. 그리고 좋지 않은 질문의 대표적인 예가 "왜?", "어째서?"라고 직접적으로 이유를 묻는 것이다.

이런 질문이 좋지 않은 이유는 무엇일까?

첫 번째, 상대의 '선입견'을 끌어내 의사소통을 꼬이게 만들기 때문이다. 구체적인 사례를 들어 살펴보자. 참고로 이 책에 소개한 사례는 전부 내 주변 사람들이 지금까지 경험했던 실제 상황을 바탕으로 했다.

회사 선후배인 A와 B가 사무실 근처에서 점심을 먹고 있었다. A가 선배이고 B가 후배다. B의 젓가락이 자꾸 멈추는 것을 본 A가 물었다.

상황 1-1

A 밥맛이 없어?

B 그런 건 아닌데…….

A 회사에서 무슨 일이라도 있었어?

B 그게, 제가 요즘 실수를 자주 하거든요. 오늘도 제 상사인 C 씨에게 "너, 일할 의욕이 있기는 한 거야?"라고 한소리 들었어요.

A 왜 그렇게 실수를 자주 하는데?

B '빨리 끝내야 해……'라고 생각하다가도 다른 전화가 걸려 오면 저도 모르게 그쪽부터 신경 쓰게 되더라고요. 저, 이 일이 적성에 맞지 않는지도 모르겠어요.

A 아직 입사한 지 반년도 안 됐는데 그런 말은……. 이전에 다니던 회사를 그만둔 건 어째서였지?

B 좀 더 제 적성에 맞는 일을 찾고 싶었어요.

A 그렇군. 그런데 이런 식으로 일찍 포기하면 앞으로도 일이 적성에 맞지 않는다는 핑계로 계속 그만두게 될지도 몰라.

B …….

B는 선배에게 조언을 구하고 싶어서 이야기를 꺼냈다. 하지만 B의 기대와는 전혀 다른 대답이 돌아왔다. 결국 두 사람은 미묘한 분위기 속에서 식사를 마쳐야 했다.

당신도 이와 비슷한 경험을 하거나 주변에서 비슷한 사례를 본 적이 있을지도 모른다.

그러면 이번에는 같은 상황의 다른 대화 패턴을 살펴보자.

> **상황 1-2**
>
> A 밥맛이 없어?
> B 그런 건 아닌데…….
> A 회사에서 무슨 일이라도 있었어?
> B 그게, 제가 요즘 실수를 자주 하거든요. 오늘도 제 상사인 C 씨에게 "너, 일할 의욕이 있기는 한 거야?"라고 한소리 들었어요.
> A 무슨 실수를 했는데?
> B 회의 시작하는 시각을 착각하는 바람에 지각했어요.
> A 언제 그랬는데?
> B 어제요.
> A 그전에 실수한 건 언제였는데?
> B 이번 주 월요일이요.
> A 그러면 그전 실수는?
> B 그게, 그러니까……. 어라? 기억이 안 나네요.
> A …….
> B 아! 입사 직후에 한 번 그랬어요. 하지만 그때는 C 씨도 책임이 있는지 그렇게까지 화를 내지는 않았어요.
> A 그랬군. 월요일에는 무슨 실수를 했어?

> B C 씨가 갑자기 "빨리 서류 제출해!"라면서 화를 냈어요. 분명히 목요일까지 제출하면 된다고 했으면서……. 어, 생각해 보니까 순전히 제 책임인 실수는 어제뿐이었네요? 그런데 왜 다 제 책임이라고 생각했던 걸까요?
> A 혹시 C 씨가 다른 사람한테도 똑같이 화내는 걸 본 적 있어?
> B 있어요. 제 동기인 D한테도 종종 그렇게 말해요.
> A 그렇군. 그런데 C 씨하고 앞으로도 계속 같이 일해야 하는 거야?
> B 아니요. 다음 달 인사이동 때 본사로 돌아간대요. …… 어? 갑자기 식욕이 돌아왔어요. 우리 식사한 다음에 커피 한잔하고 들어가도 될까요?
> A 좋지. 그러면 장소를 옮길까?

아까의 패턴과는 결론이 완전히 달라졌다는 것을 눈치챘을 것이다.

그러면 '질문'을 기준으로 이 두 대화를 비교해 보자. 파란색으로 표시한 부분이 결론을 다른 방향으로 이끌게 한 결정적인 대목이다.

상황 1-1에서 "왜 그렇게 실수를 자주 하는데?"라는 A의 질문에 B는 "'빨리 끝내야 해…….'라고 생각하다가도 다른 전화가 걸려 오면 저도 모르게 그쪽부터 신경 쓰게 되더라고요."라고 대답했다. 그리고 이어서 "저, 이 일이 적성에 맞지 않는지도 모르겠어요."라는 고민인지 푸념인지 알 수 없는 말까지 했다.

그러나 상황 1-2에서는 전혀 다른 대화가 이어졌다. 실수가 잦다는 B의 생각 자체가 '선입견'이었다는 사실을 깨달은 것이다. 실제로 B는 자신이 생각했던 것만큼 실수를 자주 저지르는 편이 아니었다.

어느 쪽 질문이 B의 문제를 해결하는 데 도움을 주고, 두 사람의 인간관계를 좋은 방향으로 이끌었는지는 누가 보더라도 분명하다.

이유를 직접 물어본다고 해도
진실은 보이지 않는다

잠깐 생각해 보자. 상황 1-1에서 A가 대화의 분위기를 망치고 싶어서 "왜?"라고 물어본 것일까? 그럴 리 없다. A는 그저 B가 실수를 저지른 이유가 알고 싶었을 뿐이다.

한편, B가 A에게 자신이 실수한 이야기를 꺼낸 것은 'A에게 적절한 조언을 받고 싶은' 마음이 있어서였다. 그러나 대화가 B가 원하는 방향으로 전혀 나아가지 못했다. 양쪽의 의도가 서로 엇갈린 것이다.

그에 비해 상황 1-2에서는 A가 "왜?"라고 묻지 않고 "언제?"라고 질문했다. 그리고 "그전에 실수한 건 언제였는데?" 하며 비슷한 질문을 이어 갔다. 그러는 사이 B는 자신에게 책임이 있는 실수는 어제 한 번뿐이었다는 사실을 깨달을 수 있었다. 이렇게 두 사람이 명확한 사실에 근거해서 대화한 결과 B는 마음의 안정을 찾을 수 있었다.

상황 1-1에서는 "왜?"라고 질문한 것이 상대의 선입견을 강화시켰고, 심지어 "저, 이 일이 적성에 맞지 않는지도 모르겠어요."라는 또 다른 선입견을 만들어냈다. 그리고 이 때문에 두 사람의 대화가 꼬이고 말았다. 반면에 상황 1-2에서는 양쪽의 의도가 엇갈리지 않고 대화가 진행되었다.

뒤에서 자세히 설명하겠지만, '왜? 질문', 즉 이유나 원인을 직접 묻는 질문이 좋지 않은 이유는 이처럼 상대의 '선입견'을 끌어내기 때문이다. 참고로 상황 1-2에서 사용한 질문은 '사실 질문'이라고 한다.

"왜?"라는 질문은 상대에게 변명을 강요한다

앞에서 '왜? 질문'이 좋지 않은 이유는 '상대의 선입견을 끌어내기 때문'이라고 했다. 그렇다면 '왜? 질문'이 좋지 않은 두 번째 이유는 무엇일까? 그것을 알기 위해 또 다른 짧은 대화를 살펴보도록 하겠다. 초등학교 고학년인 T와 어머니의 대화다.

> **상황 2-1**
>
> **어머니** 또 게임기를 꺼내 놓고 치우지 않았구나. 왜 갖고 논 다음에 곧바로 치우지 않는 거니?
> **T** 아니 그게, M하고 놀고 난 다음에 치우려고 했단 말이에요. 그런데 Y한테 전화가 와서 얘기하다 보니 시간이 지나 버렸어요!
> **어머니** 시끄러워! 변명 그만하고 빨리 치우기나 해!

어느 가정에서나 볼 수 있을 법한 부모와 자녀의 대화다. 그러면 이번에는 또 다른 대화를 살펴보자.

> **상황 2-2**
>
> **어머니** 게임기가 또 밖에 나와 있구나. 언제 꺼낸 거니?
> **T** 아, 그거 아침에 꺼냈어요.
> **어머니** 그렇구나.
> **T** ……지금 당장 치울게요!

T는 순순히 게임기를 치웠다.

이 두 대화의 차이는 어디에서 생겨났을까? 여기에서 주목해야 할 것은 파란색으로 표시한 부분이다. 상황 2-1을 보면, T가 처음부터 변명하려고 했던 것은 아니었다. 어머니가 "왜"라고 물었기 때문에 그 질문에 대답하려 했을 뿐이다. 그런데 그 대답이 변명처럼 들려서 어머니를 더욱 화나게 만들었다. 그러니 T로서는 억울할 것이다.

한 번이면 몰라도 이런 일이 반복된다면 T와 어머니의 대화가 좋은 방향으로 나아갈 수 있을까? 앞으로 서로 솔직하게 털어놓을 수 있는 관계가 형성될 수 있을까? 나는 굉장히 회의적이라고 생각한다.

반면 상황 2-2에서는 T가 변명을 하지 않고 즉시 게임기를 치우기 시작했다. 상황 2-1의 질문과 상황 2-2의 질문에 어떤 차이가 있었는지는 여러분도 아마 알고 있을 것이다.

"왜?"라는 질문은
상대를 몰아붙인다

'왜? 질문'이 좋지 않은 두 번째 이유는 앞의 대화에서 알 수 있듯이 최악의 대답, 즉 '변명'을 끌어내기 때문이다.

인간은 '자신이 잘못한 것 같다.'라고 생각하는 행위에 대해 "왜? 어째서?"라는 질문을 받으면 반사적으로 변명을 하게 된다. 상황 2-1의 대화는 어머니가 T에게 **변명을 하도록 만든** 것이다.

예를 들어 당신이 전날 밤 과음하는 바람에 아침 회의에 지각했다고 가정해 보자. 허둥지둥 회의실로 들어갔더니 상사가 이렇게 묻는다.

> "왜 회의에 늦은 건가?"

이럴 때 당신은 전날 밤 술을 너무 많이 마셔서 늦잠을 잤다고 솔직하게 말할 수 있을까? 틀림없이 변명을 늘어놓을 것이다.

"지하철이 연착하는 바람에……."라든가, "길이 막혀서……."라든가.

이처럼 우리는 떳떳하지 못한 행위를 했을 때 "왜?"라는 질문을 받으면 무의식적으로 '변명'을 하는 경향이 있다. "왜?", "어째서?"라는 질문이 자신을 몰아붙이는 것처럼 느껴지기 때문에 반사적으로 변명을 하는 것이다.

나는 이러한 '왜? 질문'을 '힐문형 왜? 질문'이라고 부른다. "왜?", "어째서?"라는 질문의 형태를 띠고 있지만 실제로는 순수한 질문이 아니라 권력을 이용해 상대에게 압박을 가하는 질문이기 때문이다.

이와 비슷한 질문 중에 '참견형 질문'이라는 것도 있다. 다음의 대화가 그 대표적인 예다.

> A 요즘 살이 꽤 쪘어.
> B 그래 보이네. 그런데 왜 운동을 안 하는 거야? 근처에 헬스클럽도 있잖아.
> A 그게, 왠지 귀찮아서…….

이 또한 질문처럼 들리지만 실제로는 상대에게 자신의 의견을 강요하는 '참견형 왜? 질문'이다. 의문을 가장한 명령이라고도 할 수 있다.

당신도 과거에 상사나 선배 혹은 교사에게 이런 '왜? 질문'을 받은 적이 있을 것이다. 그때 당신이 어떻게 반응했는지 떠올려 보기 바란다. 그 질문을 순순히 받아들였는지 말이다.

'왜?'라고 계속 질문'하는 것은 양쪽의 해석을 엇갈리게 만든다

비즈니스 전문가 중에는 "왜?"라고 묻고 상대가 대답하면 다시 "왜?"라고 다섯 번에 걸쳐 질문을 해야 문제의 원인을 파악할 수 있다고 주장하는 사람도 있다. 그러나 이는 상대와의 관계 구축을 어렵게 한다는 점에서 도저히 추천할 수 없는 질문법이다. 특히 **문제를 해결하기 위한 방법으로는 빵점**이다.

만약 당신이 "왜?"라는 질문을 다섯 번 연속으로 받는 처지가 되었다면 어떤 기분이 들까? 자신이 실패한 원인을 사람들 앞에서 다섯 번 자백하라고 강요당하는 기분이 들지 않을까?

애초에 '왜? 질문'으로 사실 여부가 불분명한 변명을 끌어낸다고 해서 어떤 도움이 될까? 아무런 도움도 되지 않는다. 명백한 변명이라고 해도 일단 입 밖으로 꺼내면 좀처럼 되돌리지 못하는 것이 인간의 심리다.

간혹 '왜? 질문'이 효과적인 경우도 있다. 상대가 문제를 어떻게든 해결하겠다는 강한 의욕을 갖고 있거나, 질문자를 신뢰하고 있을 때다. 이를테면 부도 위기에 처한 기업 경영자가 어떤 일이 있어도 회사를 정상화하겠다는 생각에 자존심을 접고 신뢰할 만한 비즈니스 컨설턴트에게 고액의 보수를 지급하면서 의견을 듣는 경우 등이 이에 해당한다. 다만 이런 상황이 아니라면 대부분은 마음에 상처를 입거나, 적당히 상대의 의중을 헤아려 대응하거나 이 둘 중 하나일 가능성이 높다. 이런 식으로는 문제를 냉정하고 객관적으로 해결하기가 어렵다.

특히 질문하는 쪽과 받는 쪽 사이에 권력관계가 있거나 해결하려는 의욕에 차이가 있는 경우, 가령 상사와 부하 관계일 때는 이러한 질문법이 좋지 않은 결과를 가져온다. 지식, 정보, 경험 등에 차이가 있고 신뢰 관계가 형성되어 있지 않다면 '왜? 질문'은 권력이나 의욕 차이를 강화시킬 뿐인 위험한 질문이 될 우려가 매우 크다.

고도 성장기에는 나라 전체에 의욕이 가득했다. 다소 공격당하더라도 쉽게 꺾이지 않는 분위기였고, 그런 풍조 속에서 강하게 몰아붙이는 질문법이 탄생했다. 그 시절에는 아마도 이러한 질문법이 효과적이었을지 모른다. 하지만 그런 시대는 이미 한참 전에 끝났다.

이유를 물어보면 대화가 엇나간다

이 책에서는 "왜?", "어째서?", "무엇 때문에?"처럼 이유나 원인을 묻는 질문은 모두 '왜? 질문'이라고 부르겠다. 표현이 어떻든 영어로 'Why'라는 의미에 해당하는 질문은 전부 '왜? 질문'이라고 생각하면 된다.

질문하는 사람은 진짜 이유를 알고 싶어서 '왜? 질문'을 했는데 답변하는 사람은 자신의 선입견에 사로잡혀 변명하는 상황이 발생하는 경우가 있다. 즉 대화가 엇나간 것이다. "왜?"라고 물었을 때 돌아오는 대답은 '이유'가 아니라 '그 사람이 이유라고 믿고 있는 것' 혹은 '이유를 가장한 자기방어를 위한 변명'일 가능성이 높다.

이 사실을 깨닫지 못한 채 이야기를 이어 가다 보면 대화가 꼬일 수밖에 없다. 이런 상황이야말로 원활한 의사소통을 가로막는 주범이다. 즉 '왜? 질문'은 대화가 엇나가게 만드는 가장 '고약한' 질문이라고 할 수 있다.

이렇게 대화가 엇나가는 상황은 특히 '쌍방의 지위에 차이가 있을 때' 발생하기 쉽다. 앞에서 이야기했듯이 상사와 부하, 선배와 후배, 빌려준 사람과 빌린 사람, 교사와 학생 등 질문하는 쪽과 대답하는 쪽 사이에 권력이나 지식의 차이가 존재할 때 발생할 확률이 더 높다고 할 수 있다. 그러므로 지위나 지식에 차이가 있는 사람과 의사소통할 때는 더더욱 '왜? 질문'이 위험하다는 사실을 잊지 말아야 한다.

꼬인 대화를 풀려면 '적절한 질문'을

정보가 올바르게 전달되지 않아서 생기는 의사소통의 괴리 문제는 우리 주변에서 흔히 일어나고 있으며, 심각한 경우가 많다. 일반적으로 의사소통의 괴리는 처한 상황이나 세대, 문화적 배경의 차이에서 발생한다고 생각하는데, 이 또한 잘못된 인식이다. 의사소통의 기본은 대화다. 그런데 그 대화가 적절히 진행되지 않은 탓에 질문하는 사람과 대답하는 사람의 인식이 서로 엇갈리면서 의사소통의 괴리가 시작되는 것이다.

지금까지 예로 든 대화 패턴을 비교해 보면 첫 질문이 얼마나 중요한지 깨달았을 것이다. 대화는 어느 한쪽이 질문하고 상대가 그 질문에 대답하면서 시작된다. 인간관계가 좋아지려면 의사소통이 잘되어야 하며, ==좋은 의사소통의 출발점에는 좋은 질문이 있다.==

앞에서 예로 든 상황 1-2의 질문이 바로 좋은 질문의 전형이다. "왜?"라고 묻는 대신 "언제?", "그전에는?" 하고 단순한 사실을 물었을 뿐이지만, 이후의 대화는 상황 1-1과 전혀 다른 방향으로 전개되었다.

사실 상황 1-2의 질문은 2장에서 소개할 "'왜?'라고 묻고 싶어지면 '언제?'라고 질문한다."라는 '사실 질문의 기본 공식' 중 하나를 사용한 것이다. 이 책에서는 이 공식처럼 의사소통하기 좋은 질문을 만드는 방법과 그 사용법을 단계적으로 여러분에게 소개할 것이다.

그에 앞서 좋지 않은 질문에 관해 조금 더 살펴보도록 하자. 우리는 무의식적으로 좋지 않은 질문을 할 때가 매우 많은데, 사실 질문의 기본 공식을 사용하려면 먼저 그런 현실을 깨달을 필요가 있기 때문이다.

"어땠어?"라는 질문은 상대에게 부담을 준다

"어때?"를 사용한 질문도 좋지 않은 질문 중 하나다.

> "몸 상태는 어떠신가요?"
> "지금 하고 계신 일은 어떤가요?"
> "그 사람, 어떻게 생각하시나요?"
> "요전에 다녀온 사내 연수는 어땠지?"

이처럼 우리는 일상에서 "어때?"를 사용한 질문을 자주 사용한다. 그런데 잘 생각해 보자. 이 "어떤가요?"라는 질문에는 큰 함정이 숨어 있다. 그것은 상대에게 부담을 주는 질문이라는 점이다.

가령 당신이 휴가를 보내고 직장으로 돌아왔는데 상사가 이렇게 물어본다고 가정해 보자.

> "휴가는 어땠어?"

뭐라고 대답해야 할지 솔직히 난감할 것이다. 어디에서 무엇을 했는지 이야기해야 하는 건가? 즐거웠는지 안 즐거웠는지 대답하면 되는 걸까? 아니면 휴가 기간이 충분했는지 부족했는지 알고 싶어서 물어본 것일까? 이런 생각들이 머릿속을 스치면서 분명 당황하게 될 것이다.

즉 "어땠어?"라는 질문은 질문하는 쪽은 별생각 없이 가볍게 묻지만 대답하는 쪽에서는 많은 생각을 해야 하는 **번거로운 질문**인 것이다.

'어때? 질문'에 대답하는 것은 의외로 번거롭다

반대로 당신이 "어땠어?"라고 물어봤을 때를 떠올려 보자. 과연 당신은 묻고 싶은 것이 명확한 상태에서 그렇게 질문했을까?

내 아들이 초등학교 고학년일 때였다. 휴일 오후에 축구 경기를 마치고 돌아온 아들을 붙잡아 놓고 "오늘 경기는 어땠니?"라고 물었다. 돌아온 대답은 "잘 모르겠어요."라는 한마디뿐이었다. 그 후 딸이 시험을 보고 왔길래 똑같이 "오늘 시험 어땠어?"라고 물었다. 딸도 무뚝뚝하게 "보통이었어요."라고 대답할 뿐이었다. 나는 화가 나서 "아빠가 진지하게 물어보는데 대체 그게 무슨 무성의한 대답이니?"라고 호통을 치고 말았다.

나중에 곰곰이 생각해 보니 진짜 문제는 나의 질문 방법에 있었다. 정말로 상대에게 관심이 있었다면 아마 다른 방식으로 질문했을 것이기 때문이다. 축구 경기에 관심이 있었다면 "상대는 어떤 팀이었니?", "이겼니, 졌니?", "오늘은 어떤 포지션을 맡았니?" 같은 다른 질문을 얼마든지 할 수 있었다. 만약 그렇게 질문했다면 아들이 틀림없이 더 제대로 대답했을 것이다. 당시의 나는 구체적으로 무엇을 알고 싶어 하는지 감이 잡히지 않는 질문을 하면서 타성적인 의사소통을 시도했다.

내가 한 '어때? 질문'은 '너에게 그렇게 큰 관심은 없는데 인사나 할 겸 그냥 물어본 거야.'라고 해석될 수 있는 질문이었다. 나 자신의 그런 게으른 태도가 아이들의 마음을 상하게 한 것이다. 만약 가족이 아닌 다른 사람에게 그렇게 질문했더라면 상대가 조금 더 신경 써서 대답해 줬을지도 모른다. 하지만 그 속마음은 별반 다르지 않았을 것 같다.

이처럼 '어때? 질문'도 상대를 당황하게 만들거나 확신 없는 대답을 강요할 가능성이 높은 좋지 않은 질문이다. 질문하는 쪽은 별생각 없이 편하게 "어때?"라고 물어보지만, 그 질문에 대답하는 것은 의외로 번거로운 일이다. 질문하는 쪽의 의도와 대답하는 쪽의 현실이 맞물리지 않는 까닭에 "어때?"라고 물어본 순간 의사소통이 꼬이게 되는 것이다.

"무엇이 문제입니까?"라는 질문은 오히려 문제를 만들어낸다

직장이나 일상 대화에서도 무언가 좋지 않은 일이 생기면 "무엇이 문제입니까?"라고 안일하게 물어보는 경우가 있다. 이를테면 다음과 같은 질문이다.

> "뭔가 문제가 있습니까?"
> "무엇이 문제입니까?"

그러나 이것도 좋지 않은 질문들이다. 선입견을 끌어낸다는 측면에서 위험한 질문은 "왜?"뿐만이 아니다. 일단 "무엇이 문제입니까?"라고 질문하면 상대는 있지도 않은 문제를 무리하게 만들어서 대답하려고 시도하기 때문이다.

한 가지 사례를 소개하겠다. 어느 보건 간호사의 경험을 바탕으로 재구성한 것이다.

> **상황 3**
>
> M 안녕하세요, O 씨. 보건 간호사 M입니다. 오랜만에 뵙네요. 요즘 몸 상태는 어떠신가요?
> O 그럭저럭 괜찮습니다. 그런데 최근에 약 먹는 걸 자주 까먹네요. 치매인가…….
> M 그렇군요. 조금 걱정스러운데요. 다음 주 주민 회관에서 치매 예방 교실을 여는데, 거기 참가해 보시는 것은 어떨까요?
> O 그래요? 고맙습니다. 생각해 보겠습니다.

M의 "요즘 몸 상태는 어떠신가요?"라는 첫 질문은 자연스러운 인사말이라고 생각할 수 있다. 언뜻 봐도 좋은 대화처럼 비친다. 그러나 O는 M이 소개한 치매 예방 교실에 가지 않았다고 한다. 나중에 알게 된 사실이지만 약 먹는 걸 까먹은 것도 딱 한 번뿐이었고, 평소 기억력에도 문제가 없었다고 한다. 그런데 왜 이런 일이 일어난 것일까?

상대에 대한 '배려'가 있지도 않은 문제를 만들어낸다

사실 그 원인은 '배려'에 있었다. "요즘 몸 상태는 어떠신가요?"라는 질문을 잘 생각해 보자. O의 처지에서 생각해 보기 바란다. '보건 간호사인 M 씨가 우리 집까지 직접 찾아와 준' 상황에서 이런 질문을 받았다면 당신은 어떻게 반응했을까? 틀림없이 '보건 간호사가 우리 집까지 찾아와서 내 건강을 걱정해 주는 질문을 했는데, 뭐라도 말하지 않으면 상대에게 미안하다.' 라는 생각이 들지 않았을까?

요컨대 이러한 질문은 실질적으로 "어딘가에 문제가 있는 것은 아닌가요?"로 들린다고 해도 틀린 말이 아니다. 질문하는 쪽은 '상대의 문제를 알아내서 도움을 주고 싶다.'라는 생각에 이렇게 질문했겠지만, 질문받는 쪽에서는 상대가 이렇게 신경 써 주는데 부응하지 못하면 왠지 미안하다는 생각에 그럴듯한 대답을 하게 되는 것이다. 결과적으로 O가 M을 배려하다 보니 의사소통이 꼬였다고 볼 수 있다.

O는 M을 배려하는 친절한 마음에서 치매 이야기를 꺼냈을 것이다. 그래서 M의 제안에 대해 깊이 따져 보지도 않고 "생각해

보겠습니다."라고 대답했다. 이는 상대에게 문제나 과제를 떠올리도록 직접 부추기는 것과 같은 결과를 가져왔다. 즉 "무엇이 문제입니까?"라고 물어보면 '있지도 않은 문제'가 생기는 일도 있다. 이런 식으로 치매 예방 교실에 참가하라고 권유한다면 실제로 참가하는 사람이 몇 명이나 될까? 대부분은 진지하게 이야기를 듣지 않을 것이다. 앞으로도 이런 식의 대화를 이어 간다면 M과 O의 신뢰 관계도 깊어질 리 없다.

이런 상황은 특히 질문하는 쪽이 상대를 보조하거나 지도하는 위치에 있을 때 많이 일어난다. 상사와 부하, 지도를 맡은 선배와 후배, 교사와 학생, 의사와 환자, 자원봉사자와 지원 대상자 등이 이에 해당한다. 상대의 문제에 관해 의사소통하는 것이 전제에 깔렸을 때는 아무래도 문제점을 적극적으로 알아내려고 시도하기 때문이다.

이처럼 상대와 의논하고 싶은 문제가 있을 때는 먼저 자신이 적극적으로 이야기를 꺼내게 된다. 그러므로 타인을 돕고 싶다면 문제에 관해 직접적으로 묻지 않는 편이 더 좋다. 상사가 부하와 면담할 때 혹은 선배가 후배의 고민을 들어 줄 때도 마찬가지다. 원래 있지도 않은 문제가 '질문을 통해 만들어지는' 일이 없도록 세심한 주의를 기울일 필요가 있다.

"의견을 들려주십시오."라는 말은 쓸데없는 의견을 말하게 한다

다음과 같은 질문은 전부 상대의 '의견을 묻는 질문'이다.

> "그 일에 관해서 어떻게 생각하십니까?"
> "어떻게 해야 한다고 생각하십니까?"
> "감상을 들려주실 수 있겠습니까?"

현대인은 '타인의 의견에 경청해야 한다.'라는 강한 믿음을 갖고 있다. 상사가 부하에게, 교사가 학생에게, 사회복지사가 기초생활수급자에게, 부모가 자녀에게……, '상대의 의견을 경청하고 존중해야 한다.'라는 것이 마치 금과옥조처럼 자리 잡았다. 그러나 직접 의견을 묻는 것은 기본적으로 좋지 않다. 가령 다음과 같이 물었다고 가정하자.

> "지구 온난화에 관해 어떻게 생각하시나요?"

당신이라면 이 질문에 뭐라고 대답할까? 갑자기 이런 질문을 받는다면 "심각하지요." 정도의 대답밖에 할 수 없다. 이는 딱히 부끄러운 일이 아니다. 사람은 기본적으로 흥미가 없거나 직접적인 이해관계가 없는 일에 관해서는 딱히 의견이 없는 경우가 많기 때문이다.

그럼에도 의견이나 감상에 대한 질문을 받으면 대부분 답변을 거부하기가 불편해서 ==상대에게 맞춰 적당히 답변을 만들어내곤 한다.== 이럴 때는 즉흥적으로 적당히 생각해서 말하는 경우가 많아서 이전에 했던 말과 어긋나거나 모순되는 경우도 종종 생긴다. 무책임한 발언일 때도 있고, 황당무계할 때도 있으며, 절실한 호소나 신념 혹은 확신에 찬 견해일 때도 있다. 그야말로 천차만별이다.

그러나 질문하는 쪽은 그 대답이 이 중 무엇에 해당하는지 신경 쓰지 않으며, 잘 알지도 못한다. 무엇에 해당하는지 판단할 기준도 없이 그저 대답을 들었다는 데 만족할 뿐이다.

"평소에", "사람들"처럼 추상화해서 질문하는 것은 좋지 않다

다음과 같은 질문도 좋지 않은 질문이다.

> "평소에 등교할 때 자동차 조심하고 있니?"
> "같은 반 아이들과 친하게 지내고 있니?"
> "아침밥은 든든하게 먹었어?"

이런 질문을 나는 '평소에? 질문'이라고 부른다.

그런데 이런 질문은 어떤 점이 좋지 않을까?
다음의 대화를 살펴보자.

> **상황 4-1 부장과 신입사원의 면담**
>
> **부장** 평소에 고민거리가 생기면 누구에게 조언을 부탁하나?
> **신입사원** 같은 과 선배들에게 의견을 구합니다.
> **부장** 선배들은 항상 좋은 조언을 해 주나?
> **신입사원** 네. 친절하게 가르쳐 줍니다.
> **부장** 그렇군. 열심히 공부하고 있나?
> **신입사원** 네. 열심히 공부하고 있습니다.
> **부장** 그거 다행이군. 앞으로도 열심히 하게.

이 대화에는 어떤 문제가 있을까? '별문제 없는 것 같은데…….'라고 생각한 사람이 많을지도 모르겠다. 하지만 이 대화는 사실 매우 형편없는 면담의 전형적인 사례다. 다음 대화를 살펴보자.

> **상황 4-2 부장과 신입사원의 면담**
>
> **부장** 평소에 고민거리가 생기면 누구에게 조언을 부탁하나?
> **신입사원** 같은 과 선배들에게 의견을 구합니다.
> **부장** 그렇군. 최근에는 누구에게 부탁했나?
> **신입사원** 옆 부서의 E 선배였습니다.
> **부장** 혹시 그전에는 누구에게 조언을 구했는지 기억하나?
> **신입사원** 그전에는…… 옆 부서의 F 선배였던 것으로 기억합니다.

> **부장** 알겠네. 최근에 같은 과 선배에게 조언을 부탁했던 건 언제였나?
> **신입사원** 어, 그게……. 잘 기억이 안 납니다.
> **부장** 그럼 자네 과에는 그런 이야기를 할 수 있는 상대가 없다는 건가?
> **신입사원** 말씀을 듣고 보니 그런 것 같습니다.

자, 상황 4-1과는 전혀 다른 대화가 이어졌다. 사실 신입사원이 배속된 과의 선배들은 신입사원의 고민을 잘 들어주지 않았다는 사실이 밝혀진 것이다.

다만 여기에서 중요한 점은 따로 있다. 바로 당사자인 <mark>신입사원 자신도 그 사실을 자각하지 못하고 있었다</mark>는 점이다.

'선입견'을 사실로 오인한다

'평소에? 질문'의 문제는 사실을 정확히 끌어내지 못한다는 데 있다. "평소에는", "보통은", "일반적으로" 등을 사용한 질문은 사실을 묻는 것처럼 보이지만 실제로는 전혀 다른 것을 묻고 있다.

가령 "선배들"이라는 말에 관해 생각해 보자. "선배들"은 누구를 가리킬까? 잠깐 생각해 보면 실제로는 아무도 가리키지 않고, 과 멤버 전체를 대충 뭉뚱그려 말했다는 걸 알 수 있다. 이와 마찬가지로 "평소에", "보통은" 혹은 "이 회사 사람들은" 같은 '일반화된 표현' 역시 전부 상대의 선입견을 물어보는 말들이다. 이런 말들은 상대의 선입견을 불러일으킴으로써 '의사소통의 괴리'를 낳게 한다. 또한 "열심히"라든가 "친절하게"라는 표현도 질문하는 쪽과 질문받는 쪽 사이에 어떤 정의나 기준이 없기 때문에 마찬가지로 대화를 엇갈리게 만드는 어휘다.

그렇다면 '평소에? 질문' 자체가 나쁜 것일까? 그렇지는 않다. 문제는 '이렇게 질문하면 사실을 들을 수 있다.'라고 착각하게 만든다는 데 있다. 자신은 사실일 거라고 생각했던 대답이 실제로는 상대의 '선입견'에 불과하다면 서로의 생각이 치명적으로 엇갈리는 결과를 낳게 되는 것이다. 더욱 골치 아픈 점은 답변자(이 경우는 신입사원)도 자신의 대답이 선입견이라는 것을 깨닫지 못하고 사실을 대답했다고 생각한다는 점이다.

이런 대화는 사실 '왜? 질문'보다 더 큰 문제를 일으킬 위험이 있다. 언뜻 의사소통이 원활히 진행된 것처럼 보이는 탓에 질문자와 답변자 모두의 판단력을 흐리게 만들기 때문이다. '사실을 파악했다고 생각하는' 상태만큼 위험한 것은 없다. '선입견'을 사실로 오인하면 커다란 판단 실수로 이어질 위험마저 있다. 해석과 사실을 혼동하는 것이야말로 세상 사람들이 빠질 수 있는 가장 큰 함정이기 때문이다.

좋지 않은 질문의 공통점은 '선입견을 불러일으킨다.'라는 것이다

'왜? 질문'(왜·어째서? 질문)
'어때? 질문'
'문제를 묻는 질문'
'의견을 묻는 질문'
'평소에? 질문'

좋지 않은 질문의 예로 든 이 질문들에는 공통적인 요소가 있다. 그것은 하나같이 상대의 '선입견'을 불러일으킨다는 점이다. 그러니 이 질문들을 한데 묶어서 '선입견 질문'이라고 부르기로 하자.

자신이 '선입견 질문'을 하고 있다는 것을 깨닫지 못한 채 질문하면 생각지도 못한 문제를 일으킬 수 있다.

'선입견 질문'을 하는 사람은 애초에 자신이 선입견을 가지고 있다는 것을 깨닫지 못한다. 또한 돌아온 대답이 상대의 '선입견'이라는 것도 깨닫지 못한다.

'선입견'이 위험한 또 다른 사례를 생각해 보자.

당신은 독감에 걸렸다. '왜' 걸렸을까? 틀림없이 '어제 손을 씻지 않아서', '최근에 충분히 잠을 못 자서', '평소에 독감을 조심하지 않아서' 같은 온갖 이유를 떠올릴 수 있다. 그러나 실제로 독감은 주변의 위생 상태나 날씨 같은 외부의 환경적 요인과 체질, 체력, 생활 습관 같은 내적 요인이 복잡하게 결합되어서 병이라는 형태로 나타나는 것이다. 그럼에도 우리는 문제와 맞닥뜨렸을 때 쉽게 '왜?'라는 원인을 찾고, 여기에서 찾아낸 단순한 인과관계를 바탕으로 자신의 입맛에 맞게 해석하고 싶어 한다. '평소에? 질문'이나 '왜? 질문'에 대답하는 형태로 드러나는 단순한 인과관계를 해석한다고 해서 아무런 도움이 되지 않는데도 말이다.

'모든 일에 인과관계가 존재한다.'라는 사고의 덫

사람들은 특히 좋은 결과나 바람직한 사건에 관해서는 내적 요인, 즉 자신의 노력이나 능력이라는 요인에 주목하고 싶어 한다. 반대로 나쁜 결과나 바람직하지 못한 사건에 관해서는 외부 환경이나 타인의 탓으로 돌리고 싶어 한다.

나는 학창 시절 마작에 빠졌던 적이 있다. 돈을 따고 잃기를 반복했지만, 많이 땄을 때는 '나는 마작에 소질이 있어.'라고 생각했다. 반면 크게 잃은 날에는 항상 친구와 "오늘은 운이 없었어." 같은 말을 주고받았다.

돈을 땄을 때는 내 능력에서 그 원인을 찾았지만, 반대로 돈을 잃었을 때는 운이 없었던 탓으로 돌렸다. 여러분도 분명 이와 비슷한 생각을 했던 적이 있을 것이다.

심리학이나 정신의학처럼 인간의 마음을 연구하는 학문에서는 이러한 현상을 '인지 편향'이라고 부르며, 자기방어 시스템의 일종이라고 판단한다. 인지 편향은 실제로 자신의 문제에 관해 그 원인을 냉정하고 객관적으로 분석하는 것을 훨씬 어렵게 만든다.

그런 의미에서 '모든 일에는 인과관계가 존재한다.'라는 신념 자체가 커다란 선입견이라고 말할 수 있다. 그 선입견이 단단하게 자리 잡고 있어서 자신도 모르게 "어째서죠?"라고 물어보게 되기 때문이다.

가령 내가 유리컵을 바닥에 떨어트려서 컵이 깨졌다고 가정해 보자. 하지만 '유리컵을 떨어트렸기 때문에 깨졌다.'라는 생각은 사실이 아니다. 실제로 경험해 보면 알겠지만, 열 번에 한 번 정도는 깨지지 않을 때가 있다. 즉 '유리컵을 떨어트리면 깨질 가능성이 크지만, 그 확률은 때와 상황에 따라 달라진다.' 그래서 과학자들은 어느 정도의 세기로, 어떤 각도로, 바닥의 어떤 곳에 떨어트렸는지를 조사해서 이 현상을 자세히 파악하려고 한다. 이 상황을 제대로 밝히려면 구체적인 사실을 담담하게 기술하는 수밖에 없다.

==즉 "왜?"라는 질문에는 모든 일에 인과관계가 존재한다는 무의식적인 선입견이 내포되어 있다는 것을 알 수 있다.== 따라서 인과관계의 함정에서 빠져나오려면 "왜?"라는 질문을 사용하지 않도록 의식적으로 노력해야 한다. 요컨대 자신의 머릿속에 뿌리내린 'ㅇㅇ이어서 △△가 된다.'라는 사고방식 자체를 가장 의심해야 한다.

'선입견 질문'을 배제하고 대화하는 방법

지금까지 했던 이야기를 정리해 보자.
'선입견 질문'의 주된 결점은 다음과 같다.

> **선입견 질문의 결점**
>
> **'선입견 질문'은 다음과 같이 대화를 꼬이게 만든다.**
>
> 1 '선입견'을 끌어낸 결과 잘못된 문제의식이나 과제 분석으로 이어진다.
>   → 다음 장에서 설명할 '공중전'을 일으킨다.
> 2 상대의 변명을 유도한다.
>   → 특히 '왜? 질문'에서 현저하게 나타난다.
> 3 상대에게 '배려'를 강요한다.
>   → 권력의 차이가 심할 경우 특히 이런 상황이 발생하기 쉽다.

그러면 하나하나 살펴보자.

1. '선입견'을 끌어낸 결과
잘못된 문제의식이나 과제 분석으로 이어진다

: '왜? 질문'은 원인이나 이유를 물어보는 것처럼 보이지만 결국은 "왜라고 생각해?"처럼 상대의 '생각'을 묻는 질문이다. 무의식적으로 선입견을 말하는 것은 인간의 자연스러운 습관이다. 그러므로 진짜 이유를 찾아내려는 생각에 "왜?"라고 물었다면 그것이야말로 선입견이라고 할 수 있다.

선입견으로 가득한 대답을 근거로 의사소통한다면 현실에 기반한 적절한 문제 파악이나 분석을 전혀 기대할 수 없다. 이것이 다음 장에서 설명할 대화의 '공중전'이다.

진짜 원인이나 이유를 알고 싶을 때일수록 직접적으로 그것을 묻는 '왜? 질문'은 사용하지 말아야 한다.

2. 상대의 변명을 유도한다

: 선입견 질문, 특히 '왜? 질문'의 중대한 결점은 변명을 유도한다는 점이다. 변명은 말하는 쪽이나 듣는 쪽 모두에게 스트레스

를 줄 뿐이지만, 그럼에도 우리는 별생각 없이 "어째서 그렇게 하지 않았어?", "왜 그렇게 한 거야?"라고 묻곤 한다.

앞에서 이야기했듯이, 인간은 그다지 바람직하지 못한 행위를 했을 때 "왜?"라는 질문을 받으면 반사적으로 변명하도록 만들어진 존재다. 목구멍까지 올라왔던 변명을 가까스로 되삼킬 때도 있지만, 참지 못하고 말해 버릴 때가 많다. 세상에는 변명하는 것을 어른스럽지 못하다거나 부끄럽게 여기는 문화가 있는가 하면 아무렇지도 않게 여기는 문화도 있다. 그렇더라도 "왜?"라는 질문을 받으면 변명이 목구멍까지 올라오는 것은 만국 공통의 인간 심리다.

그 결과 어떤 문제가 벌어질까? 대표적인 사례는 부모와 자녀의 대화를 예로 들면서 소개했던 '변명의 강요'다. 부모와 자녀 사이에서 변명의 강요가 반복되면 아무리 부모 자식 관계라 해도 신뢰 관계가 서서히 무너져 버리고 만다. 의사소통의 괴리가 심해지면 결국 관계의 파탄으로 이어질 수 있는 것이다. 상사와 부하, 선배와 후배, 교사와 학생 사이에는 권력형 괴롭힘의 양상을 띨 위험도 있다. 힘을 가진 쪽이 힘이 없는 쪽에게 이런 질문을 하면 질문받는 쪽은 과도한 압박을 받기 때문이다.

3. 상대에게 '배려'를 강요한다

: '선입견 질문'의 마지막 결점은 상대에게 '배려'를 강요할 우려가 크다는 점이다. '왜?' 질문은 물론, '어때?' 질문, '의견을 묻는 질문', '문제를 묻는 질문' 모두 질문받은 쪽은 상대의 안색을 살피며 있지도 않았던 것을 만들어내 대답하려 한다. 상대의 입맛에 맞게 본래 없었던 의견이나 감상을 지어내거나 별로 대단치도 않은 이야기를 하게 되는 것이다. 보건 간호사에게 몸 상태를 질문받았던 O의 경우가 그 전형적인 사례다.

특히 부부나 연인 사이에서는 이런 '배려'에 대한 감수성이 필요하다. 배려를 강요당하는 사이에서 좋은 관계가 형성될 리 없다.

여기서 특히 주의할 점은 '권력의 차이가 항상 고정되어 있지는 않다.'라는 점이다. 대등한 관계, 가령 친구 사이라도 한쪽이 다른쪽의 고민을 듣고 상담해 주는 경우나 다루는 사항의 숙련도 또는 지식에 차이가 있다면 권력의 차이가 미묘하게 변한다. 이를 감지하지 못한 채 '선입견 질문'을 하면 결과적으로 대화가 단순해지거나 관계를 삐걱거리게 만들 위험이 크다.

질문한 쪽에서 상대가 자신을 배려해서 대답했다는 것을 깨닫지 못하고, 있는 그대로 받아들인 채 그 대답에 근거해 대화를 이어 간다면 결국 부정적인 결말이 기다릴 뿐이다.

"왜?"라는 질문은 언제 사용해야 할까?

    그렇다면 '왜? 질문'은 절대 사용하지 말아야 할까? 결론부터 말하면, '왜? 질문'을 사용하지 않는 것은 어디까지나 '대화 속에서'다. 이미 이야기했듯이 '해석의 엇갈림'을 일으켜 대화를 꼬이게 만들기 때문이다.

    따라서 개인의 일기장이나 메모에서 사용하는 것은 전혀 문제 될 게 없다. 혼자 깊이 생각하는 과정이라 다른 누군가와 해석이 엇갈릴 위험이 없어서다.

    또한 과학이나 수학 등 과학적인 메커니즘에 관한 대화를 나눌 때 "왜?"라고 묻는 것은 '왜? 질문'을 사용하는 정석적인 사례다.

    가령 과학 교사는 학생들을 데리고 산에 오르면서 "왜 표고가 높아지면 기온이 떨어지는 것일까?"라고 질문하며 학생들이 스스로 생각하도록 유도한다. 그러한 과학적인 질문과 대화를 통해 그 메커니즘을 해설하는 것이다. 이런 경우는 자유롭게 생각하거나 다양한 해석을 내놓는 것 자체에 의미가 있기 때문에 '왜? 질문'을 사용해도 문제가 없다.

하지만 일상 속의 의사소통, 즉 대화할 때 '왜? 질문'을 사용하는 것은 결코 권하지 않는다. 목적 없이 하는 수다라면 '왜? 질문'을 금지해야 할 만큼 해롭지 않을지도 모른다. 다만 수다 중심의 대화라 하더라도 특정한 목적이나 의도를 가지고 "왜? 어째서?"라고 묻는 것은 가급적 자제해야 한다고 생각한다. '왜? 질문'을 하는 습관이 든다면 '왜? 질문'을 해서는 안 되는 상황에서도 무의식적으로 할 수 있기 때문이다.

1장

'사실 질문'이 왜 좋은 걸까?

사실 질문법을 사용하면 사물을 바라보는 시각이나 대화 방식, 나아가 타인과의 관계가 크게 달라진다.
사실 질문법을 배우고 실천하려면 가장 먼저 편견 없는 시선으로 자신을 관찰하면서 자신의 대화 방식부터 살펴보라고 강력하게 권하고 싶다. 자신을 조금이라도 의식하며 살펴본다면 아마 자신의 발언 대부분에 선입견 질문이 많다는 사실을 금방 깨닫게 될 것이다.

'선입견 질문'은
왜 대화를 꼬이게 만들까?

　나는 '선입견 질문'이 대화를 꼬이게 만드는 상황을 막고, 사람들이 논리적인 대화를 하도록 만들기 위해 이 책을 썼다. 그런데 '선입견 질문'은 대체 왜 대화를 꼬이게 만드는 것일까? ('왜? 질문'을 사용하지 말라고 해 놓고 시작부터 '왜? 질문'을 사용하느냐며 쓴웃음을 짓고 있는 독자가 있을지도 모르겠다. 앞서 설명했듯이 이런 경우는 '왜? 질문'을 사용해도 괜찮다.) 지금부터 이에 관해 조금 깊이 생각하면서 그 수수께끼를 밝히도록 하겠다.

　모든 질문은 크게 세 종류로 분류할 수 있다. 먼저 그 힌트가 되는 일화부터 소개하려고 한다.

2002년 초 방글라데시에서 어느 국제 협력 NGO의 현지인 직원 10명 정도를 대상으로 농촌 인터뷰 연수를 실시한 적이 있다.

그때 나는 당시 참가자 중 한 명에게 이런 질문을 했다.

> "당신이 좋아하는 아침 식사는 무엇입니까?" ……①
> 제일 앞에 앉아 있던 시린 씨(가명)가 대답했다.
> "밥이에요."
> 나는 다시 물었다.
> "그렇다면 당신은 평소에 무엇을 먹습니까?" ……②
> "밥이요."
> 그래서 나는 질문을 바꿔 봤다.
> "오늘 아침에는 무엇을 먹었습니까?" ……③
> 그러자 시린 씨는,
> "빵을 먹었어요."라고 대답했다.
> 다른 참가자들이 웃음을 참는 소리가 들렸다.
> 나는 질문을 이어 갔다.
> "어제 아침에는 무엇을 먹었습니까?"
> "빵이요."
> "그제 아침에는?"
> 시린 씨는 쓴웃음을 지으며 대답했다.
> "빵을 먹었어요."
> 회장 곳곳에서 폭소가 터져 나왔다.

이 대화에서 나는 아침 식사와 관련한 세 가지 종류의 질문을 했다. 첫 번째는 아침 식사로 '무엇을 좋아하는가?'라는 질문, 두 번째는 아침 식사로 '평소에 무엇을 먹는가?'라는 질문, 세 번째는 아침 식사로 '오늘, 어제, 그제 아침에 무엇을 먹었는가?'라는 질문이었다.

첫 번째는 호불호 같은 '감정이나 기분'을 묻기 위한 질문이었고, 세 번째 질문은 '사실'을 묻기 위한 질문이었다. 그렇다면 두 번째 질문은 무엇을 묻는 질문이었을까? 그 질문은 지금까지 수없이 이야기했던 '선입견'을 묻는 질문이었다. 요컨대 두 번째 질문은 '선입견'을 끌어내는 질문이었다고 할 수 있다.

질문에는 세 종류가 있다

① 아침 식사로 무엇을 좋아하십니까?
  감정 질문 = 기분이나 감정을 묻는다.

② 평소에 아침 식사로 무엇을 먹습니까?
  선입견 질문 = 의견이나 생각을 묻는다.

③ 오늘 아침에는 무엇을 먹었습니까?
  사실 질문 = 사실을 묻는다.

아침 식사를 둘러싼 세 종류의 질문을 다시 한번 정리하면 위와 같다. ②와 같은 질문을 받으면 사람은 자신의 의견이나 생각을 말하게 된다. 즉 '나는 아침에 늘 밥을 먹는다.'라는 것은 시린 씨의 생각에 불과했고, 적어도 최근 2~3일 동안에는 사실이 아니었다. 그럼에도 시린 씨는 자신이 사실을 말했다고 믿고 있었다. 요컨대 일종의 착각이다. 그리고 이 착각이야말로 많은 사람이 자신도 모르는 사이에 빠지는, 의사소통을 엇갈리게 하는 '불투명한 유리'다. 두 번째 질문은 언뜻 사실을 묻는 것처럼 들린다. 하지만 실제로는 "평소에 아침 식사로 무엇을 먹는다고 생각하십니까?"라고 묻는 질문이다. 즉 '생각하십니까?'에 해당하는 부분이 생략되어 있다. '평소에는', '보통은', '사람들' 등 일반적으로 묻는 질문은 전부 마찬가지다.

> 평소에 아침 식사로 무엇을 먹습니까?
> =
> 평소에 아침 식사로 무엇을 먹는다고 생각하십니까?

우리는 "~고 생각하십니까?"라는 질문을 받으면 당연히 자신의 생각을 말하려고 한다. 그리고 이때 상대에게 맞추거나 자신에게 유리하도록 생각을 고치기도 하면서 대답한다. 이는 '왜? 질문'으로 대표되는 '선입견 질문'에 대한 답변의 특징이다.

'사실을 질문했다는 착각'이
일으킨 의사소통의 엇갈림

과거에 방글라데시나 네팔 현지의 농민을 찾아갔을 때 나는 이런 질문을 하곤 했다.

> "여러분, 생활은 어떠신가요?"
> "올해 작황은 괜찮았습니까?"
> "농업 협동조합이 제대로 기능하지 못하는 것은 어째서일까요?"
> "은행에서 돈을 빌릴 수 있다면 무엇에 사용하시겠습니까?"

이런 질문들은 사실을 묻는 것처럼 들린다. 하지만 곰곰이 생각해 보면 어떤 대답이든 나올 수 있는 평범한 질문에 불과하다. 상대가 내가 알고 싶은 것을 가르쳐 줄 거라 기대하면서 질문했지만, 현실은 그렇게 녹록지 않았다. 상대는 주위 사람의 안색을 살피며 우리가 기뻐할 만한 모범 답안 같은 대답을 적당히 만들어낼 뿐이었다. 때로는 지원이 확대되기를 기대하면서 사태를 과장해서 전달하는 경우도 흔하게 일어났다.

즉 사실에 근거한 대답이 아니라 답변자의 선입견이나 생각이 강하게 반영된 대답을 하는 경우가 많았다. 이는 질문하는 쪽과 질문받는 쪽의 관계, 특히 권력 차이가 반영되는 경향이 있었다. 쉽게 말해 '배려'가 발동했던 것이다.

그럼에도 나는 현지 사람들과 대화한답시고 지역 사람들이나 NGO의 직원들에게 계속 이런 잘못된 질문을 하고 있었다. 이런 모호하고 허술한 의사소통을 100만 번 반복한다고 해서 현지 사람들의 현실이 보일 리 없는데도 말이다. 현실을 똑바로 바라보지 못했던 것은 너무나도 당연한 결과였다.

이야기가 조금 샛길로 빠졌다. 그렇다면 대화가 꼬이지 않게 하려면 어떻게 해야 할까? 여기까지 읽었다면 이미 깨달았을 거라고 생각한다. 그것은 ② 선입견 질문을 최대한 배제하고, ③ 최대한 사실에 근거한 질문만으로 대화를 진행하는 것이다. ① 감정 질문을 어떻게 다뤄야 할지에 관해서는 뒤에서 설명하겠다.

'선입견 질문'은 '사실 질문'과 정반대 지점에 있다

앞에서 이야기한 세 종류의 질문을 좀 더 깊이 이해할 수 있도록 우리의 일상 상황을 예로 들어 보겠다.

먼저 ② 선입견 질문과 ③ 사실 질문은 서로 정반대 지점에 있다는 것을 기억해야 한다. 다음 두 가지 질문 방법을 비교해 보자.

어학원에서 일하는 20대 후반의 여성 A가 친구 B에게 고민을 털어놓았다.

> **상황 5-1**
>
> A 나, 회사를 옮길까 생각 중이야.
> B 왜 지금 다니고 있는 곳에 취직한 거야?

> A 영어를 좋아해서 영어와 관련된 직장에 다니면 좋겠다고 생각했어.
> B 다음 직장에서도 같은 일을 하고 싶어?
> A 응.
> B 그럼 내가 아는 곳이 몇 군데 있는데, 소개해 줄까?
> A 응, 부탁해.

어디서나 볼 수 있을 법한 대화다. 그러나 이 대화가 정말로 A에게 도움이 될까? 여기까지 읽은 독자라면 이것이 '선입견'이 반영된 대화일 가능성이 높다는 것을 눈치챘을 것이다.

그렇다면 다음 대화는 어떨까? 같은 상황이지만, 친구 C는 B와 다른 질문을 했다.

상황 5-2

> A 나, 회사를 옮길까 생각 중이야.
> C 지금 다니고 있는 곳에는 언제 취직했어?
> A 대학을 나와서 곧바로.
> C 그때 몇 곳에 입사 지원을 했는지 기억해?
> A 네 곳이었어.
> C 그중에서 제일 먼저 합격 통지가 온 곳은 어디였어?

> A 지금 다니고 있는 어학원을 운영하는 회사야.
> C 입사 지원을 했던 다른 회사도 영어와 관련된 일을 하는 곳이었어?
> A 한 곳은 조금 관련이 있었는데, 그러고 보니 다른 두 곳은 전혀 관련이 없는 곳이었네.
> C 그렇다면 지금 다니고 있는 회사에 다니기로 결심한 계기는 뭐였어?
> A (잠시 생각에 잠긴다) 생각해 보니까 영어와 관련이 있느냐 없느냐보다 그냥 제일 먼저 합격 통지를 받아서 지금 회사로 결정한 거였어.
> C 지금 이직하려는 회사도 영어와 관련된 일을 하는 곳이야?
> A 아직 정해 놓은 곳은 없는데, 굳이 영어와 관련이 있는 곳인지 집착할 필요는 없을 것 같아. 내가 정말로 하고 싶은 일이 뭔지 좀 더 생각하면서 이직할 곳을 폭넓게 찾아봐야겠어!

상황 5-2의 대화를 상황 5-1과 비교하면, "영어를 좋아해서 영어와 관련 있는 직장에 다니면 좋겠다고 생각했어."라는 대답이 사실은 A의 '선입견'에 불과했다는 것을 알 수 있다. 상황 5-1에서는 그런 A의 선입견을 믿었던 B가 같은 일을 하는 직장을 소개하려고 했다. 하지만 실제로는 '자신이 정말 하고 싶은 일을 찾고 싶지만 이를 자각하지 못하고 있는 A'와 'A의 선입견을 진지하게 받아들여 영어와 관련 있는 직장들을 소개하려고 했던 B' 사이에서 의사소통의 엇갈림이 일어났다는 것을 알 수 있다. B가 "왜 지금 다니고 있는 곳에 취직한 거야?"라고 질문한 탓에 A도 자각하지 못한 선입견이 드러났던 것이다.

게다가 A는 그 선입견에 사로잡혀 진로를 자유롭게 선택하지 못할 뻔했다. 즉 "왜?"라는 질문이 A가 어학원에 취직했을 때 '실제로는 없었던 이유'를 만들어냈던 것이다.

이와 반대로 좋은 결과로 이어진 상황 5-2의 대화를 사실 질문의 관점에서 살펴보자. C의 "지금 다니고 있는 곳에 언제 취직했어?"라는 최초의 질문은 "언제"라는 의문사를 사용했고, "취직했어?"라는 과거형으로 물었다. 제2장에서 더 자세히 소개하겠지만, 이는 사실 질문의 대표적인 예시다. "그때 몇 곳에 입사 지원을 했는지 기억해?"와 "그중에서 제일 먼저 합격 통지가 온 곳은 어디였어?"도 마찬가지다. 기억하고 있다면 곧바로 대답할 수 있는, 해석이 개입할 여지가 없는 사실을 묻는 질문이기 때문이다. "입사 지원을 했던 다른 회사도 영어와 관련된 일을 하는 곳이었어?"는 '네/아니요'로 대답할 수 있는 과거형 질문이다. '영어와 관련이 있는가, 없는가?' 자체는 A에게 해석을 맡긴다고 볼 수 있지만, 자세히 묻는다면 사실을 확인할 수 있는 질문이다(이번에는 그 사실을 확인할 필요가 없어서 묻지 않았다).

요컨대 C는 대부분 사실에 대해서만 물어봤다. 이렇게 C가 사실에 대해 담담하게 질문했기 때문에 A는 지금까지의 과정을 전부 기억해 냈고, 그 결과 자신의 진로를 원점에서 다시 생각할 수 있었다. C는 사실 질문을 한 것만으로도 A를 도운 것이다.

이렇게 두 사람은 드러난 사실에 근거해 더욱 건설적인 대화를 나눌 수 있었다. 자신이 알지 못했던 새로운 면모를 일깨워 줬기 때문에 두 사람의 인간관계도 분명히 더 깊어졌을 것이다.

양쪽의 해석이 충돌하면 대화가 붕 뜬다

'선입견 질문'은 언뜻 사실을 물어보는 것처럼 들리기 때문에, 실제로는 상대의 생각이나 의견, 나아가 선입견 같은 '해석'을 이끌어 낸다는 것을 깨닫는 것이 중요하다.

이는 일대일 대화뿐만 아니라 다양한 상황에서도 적용할 수 있다. 그 대표적인 예가 회의다. 부서 내부 회의에서 과장이 다음과 같은 문제를 제기했다고 가정해 보자.

> 과장 젊은 사원들의 의욕을 불러일으키려면 어떻게 해야 한다고 생각하시나요?
> 차장 애초에 왜 의욕이 없는 걸까요?
> 중견 사원 위에서 지시해 주기를 기다리기만 해서가 아닐까요?
> 베테랑 저는 그렇게 생각하지 않습니다. 제가 생각하기에는······.

처음에 누군가가 '(사실에 입각한 것은 아니지만) 그럴듯하게 들리는 생각이나 의견'을 말하기 시작하자, 다른 누군가가 그 생각 또는 의견에 찬성하거나 그와 다른 반론을 펼쳤다. 하지만 그것 또한 자신의 생각을 말하는 것뿐인 모양새가 계속 이어졌다.

회의 진행법을 다루는 경우가 많은 비즈니스 분야에서는 추상적이고 관념적일 뿐 알맹이는 없는, 피상적인 의사소통만 이뤄지는 회의를 위한 회의를 종종 '공중전'이라고 부른다. 반대로 사실에 근거해서 진행되는, 현실적이고 충실한 의사소통이 이뤄지는 회의는 '지상전'이라고 부른다. 전쟁 관련 용어는 가급적 피하고 싶지만, 대화를 분석할 때 가장 중요한 발상을 기억에 잘 남도록 한 표현이라서 부득이하지만 사용하려 한다.

앞에서 살펴본 회의 사례에서는 '대화의 공중전'이 시작되었다고 할 수 있다. 이런 식으로 대화가 진행되다 보면 '추상적인 이야기만 하고 있다.'라고 느낀 참가자들은 뒷전으로 밀리고, 공중전을 좋아하는 몇 명만 의미 없는 이야기를 끝없이 나누는 상황이 벌어진다. 만약 이 회의의 리더가 이런 유형이라면 절망적일 수밖에 없다. 이처럼 결론이 나지 않는 회의에 지친 참가자들은 결국 목소리 큰 사람의 의견에 찬성하면서 빨리 회의를 끝내고 싶을 것이다.

여러분도 틀림없이 이런 괴로운 경험을 한 번쯤은 경험했을 거라고 생각한다. 그럴 때마다 '공중전'의 허무함을 실감한 사람도 있었을 것이다.

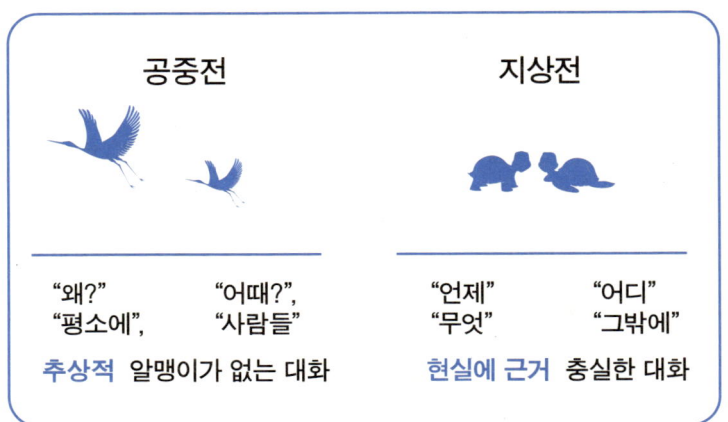

붕 뜬 대화를
사실의 힘으로 끌어내린다

 앞 챕터의 회의 사례를 꼼꼼히 다시 읽어 보고 누구의 어떤 발언이 '공중전'을 불러일으키는 계기가 되었는지 찾아보자. 그러다 보면 처음에 과제를 제시한 과장이 아닌, 그런 '생각' 또는 '의견'에 근거한 발언에 대해 자신의 '생각'으로 응수한 사람이 계기가 되었다는 것을 깨닫게 될 것이다. 앞의 사례에서는 "애초에 왜 의욕이 없는 걸까요?"라고 응수한 차장이 바로 공중전을 일으켰다는 것을 알 수 있다.

 공중전을 현실에 근거한 충실한 대화로 되돌리는, 즉 지상으로 끌어내리는 것은 쉬운 일이 아니다. 그러나 사실 질문법을 제대로 터득한다면 이런 상황에 적절히 대응할 수 있다. 즉 공중전을 피하고 싶다면 누군가 먼저 선수를 쳐서 대화를 지상으로 끌어내려야 한다. 가령 앞의 회의 사례에서는, 과장이 "젊은 사원들의 의욕을 불러일으키려면 어떻게 해야 한다고 생각하시나요?"라고 문제를 제기한 순간 곧바로 다음과 같이 묻는 것이 좋다.

> "과장님께서는 누구누구를 젊은 사원이라고 생각하십니까?"
> "가령 최근에 어떤 일이 있었습니까?"

이에 대해 과장이 구체적인 예를 들었다면 곧바로 단순하게 사실을 묻는 질문을 계속 이어 가면 된다.

> "그것은 언제 있었던 일입니까?"
> "누가 그런 말을 했습니까?"
> "전에도 같은 일이 있었습니까?"

이때 말투가 강압적으로 느껴지지 않도록 주의하자. 실제로는 맨 처음에 했던 사실 질문만으로도 공중전을 방지하기에 충분한 경우가 대부분이다. 그렇게까지 집요하게 질문하지 않아도 다른 사람들이 이어받아서 지상전을 시작해 줄 테니 말이다.

이론적으로는 이렇게 단순한 사실을 묻는 질문을 계속하면 되지만, 실제로 실행할 수 있으려면 준비와 연습이 필요하다. 그러니 일단 회의나 토론에 임하기 전에 '공중전과 지상전'의 차이를 의식하도록 노력하는 것부터 시작해야 한다. '이대로 가다가는 공중전이 되겠구나.'라는 생각이 들었다면 앞에서 예로 들었던 질문을 마음속에서 시도하는 정도만으로도 충분하다. 당장은 상황을 관찰하면서 기회를 기다리자. 사실 질문의 첫걸음은 관찰이다.

해석은 무수히 많지만 사실은 한 가지뿐이다

　지금까지 예로 든 대화들을 살펴보면, 사실 질문을 반복한 결과 사실과 자신의 인식이나 의견 사이에 차이가 있었다는 것이 서서히 드러났음을 알 수 있다. 제0장의 대화에서 "실수가 잦았다."라고 말한 B도(14쪽), '영어와 관련 있는 곳에서 일하고 싶어 지금의 회사에 취직했다.'라고 생각했던 A(62쪽)도, 담담히 사실을 확인하자 전혀 그렇지 않았다는 것을 스스로 깨달았다. 그들은 사실인지 아닌지 하나하나 확인해 가는 과정에서 자신이 깨닫지 못했던 인식의 엇갈림을 깨달을 수 있었다.

　이 메커니즘에 관해 더 자세히 설명하고 넘어가자.
　애초에 인간의 기억에는 한계가 있다. 사람은 시간이 흐름에 따라 기억하기 쉽도록 자신의 입맛에 맞게 기억을 수정하고, 그것을 사실이라고 믿게 된다. 이는 인간인 이상 어쩔 수 없는 일이다. 따라서 다시 한번 담담하게 사실을 확인할 필요가 있다. 자신이 사실이라고 생각했던 것이 실제로는 사실이 아니었다는 것을 확인하는 과정을 반복할 때 비로소 사실과 인지의 차이를 마주하게 될 것이다.

사실은 아무리 시간이 흘러도 '변하지 않는다'

시간의 흐름에 따라 인간이 갖고 있는 지식도 점점 어긋나게 된다. 하지만 사실은 시간이 흘러도 영원히 변하지 않는다. 즉 변하지 않는 사실만 확인한다면 당시와 똑같이 다시 인지할 수 있다. 같은 사람이 같은 사실을 다시 보고 확인하는 것이기 때문에 당연하다.

'사실 질문'은 이 과정을 실제로 구현한다. 인간은 사실을 하나하나 확인하면서 자신의 지식이나 기억이 선입견이었다는 것을 서서히 깨닫는다. 요컨대 '사실을 담담하게 확인하는' 것이야말로 선입견으로부터 빠져나오는 유일한 방법이다. 사람들은 "왜?"라는 질문을 받으면 기억을 떠올리기 전에 생각부터 하기 시작한다. 그러면 자신의 입맛에 맞게 수정된 선입견이 생각 속에 침

입해 수정을 거치며 왜곡된 대답을 하게 된다.

반면 사실을 질문받는 경우에는 반응이 달라진다. 가령 "언제?"로 대표되는 단순한 사실을 묻는 질문에 대답하려면 기억을 떠올리는 것부터 시작해야 한다. '언제?'라는 질문은 선입견이 침입할 기회를 거의 주지 않는다. 잊어버리는 경우가 있을지도 모르지만 기억을 떠올릴 수 있는 범위에서라면 사실을 정확히 떠올릴 수 있을 것이고, 그 결과 왜곡되지 않은 현실을 대답할 수 있다.

'해석은 무수히 많을 수 있지만 사실은 한 가지뿐'이다. 즉 사실을 확인한다면 대화가 꼬이는 일이 이론상으로는 절대 일어나지 않는다.

이런 메커니즘에 근거해서 '사실 질문'의 본질을 한마디로 표현한다면 '생각하게 하지 마라. 기억을 떠올리게 하라.'라고 정리할 수 있다. 이 원칙을 꼭 기억하기 바란다.

'사실 질문'을 담담하게 반복해야 해석을 일치시킬 수 있다

선입견 질문과 정반대 지점에 있는 것이 사실을 묻는 질문, 즉 사실 질문이다. 그리고 이 사실 질문을 사용하는 방법 또는 조합하는 방법을 체계적으로 정리한 것을 이 책에서는 '사실 질문법'이라고 정의했다.

사실 질문법을 사용하는 목적은 크게 두 가지다.

사실 질문법의 사용 목적

① 대화가 꼬이는 일이 벌어지지 않게 대등하고 솔직하며 논리적인 의사소통을 진행함으로써 더 나은 인간관계를 만드는 것
② 의사소통을 통해 현재 안고 있는 문제를 냉정하고 객관적으로 분석하면서 대화를 더욱 현실적이고 효과적인 해결 방법으로 이끄는 것

사실 질문법을 사용하면 사물을 바라보는 시각이나 대화 방식, 나아가 타인과의 관계가 크게 달라진다. 그리고 이를 통해 다음과 같은 이익을 얻을 수 있다.

사실에만 초점을 맞추면 '선입견'이나 '잘못된 기억'을 배제하고 가장 빠르고 정확하게 사실을 확인할 수 있다

이것이야말로 사실 질문법의 가장 큰 이익이다. 현재 상태를 파악하거나 과제의 분석을 방해하는 '선입견'과 '잘못된 기억'을 깨닫게 된다면, 필요에 따라 그것을 배제할 수 있다. 이로써 빠르고 정확하게 깊이 있는 사고를 할 수 있을 뿐만 아니라 좁아졌던 시야를 단숨에 넓히는 효과도 얻을 수 있다.

사실 질문법을 사용하면 대화나 문장 속에서 지금까지 혼동하며 사용하고 있었던 사실이나 생각, 기분을 빠르게 구별할 수 있고, 목적이나 장소에 맞춰 적절히 사용할 수도 있다. 동시에 다른 사람의 이야기를 듣거나 문장을 읽을 때도 이를 명확히 구별하는 습관이 생기기 때문에 이해력과 파악하는 능력이 높아진다.

인간관계가 개선된다

가족이나 친척, 친구 같은 친한 사이라도 사실 질문에 근거해서 이야기하면 '어라, 그런 거였어?' 같은 깨달음을 얻을 때가 많다. 특히 처음 만나는 사이라서 무슨 말을 꺼내야 할지 난감한 상황에서도 사실 질문으로 이야기를 시작하면 생각지도 못했던 화제로 확장되면서 이야기꽃을 피우는 경우가 생긴다.

사람은 상대가 물어보지 않으면 좀처럼 자신에 관해 이야기하지 않지만, 서로에 관해 알게 되면 의외로 마음이 맞는 경우도 종종 생긴다. 사실 질문은 서로의 거리감을 좁히는 데 좋은 영향을 끼치는 동시에 인간관계를 좋은 방향으로 이끄는 지름길이다.

사실을 제시할 뿐이라서 상대에게 스트레스를 적게 준다

사실 질문은 상대에게 생각을 요구하는 것이 아니라 기억을 떠올리게 하는 질문이라서 스트레스 없이 대화할 수 있다. '경찰에게 조사받는 것 같아서 무서워.'라고 생각할지도 모르지만, 실제로 해 보면 의외로 그렇지 않다는 것을 알게 된다. 이에 관해서는 제3장에서 더 자세히 소개하겠다.

상대가 스스로 답을 얻을 수 있어서 행동 변화로 이어지기 쉽다

사실을 발견하고 공유하고자 노력하는 사이 상대는 자신의 머리를 사용해서 주체적으로 결정하게 되기 때문에 행동 변화로 이어지기 쉽다. 이에 관해서는 제4장에서 더 자세히 소개하겠다.

가짜 뉴스를 분간할 때 사용할 수 있다

"그 이야기는 언제, 누가, 누구에게 들은 겁니까?"

"그 사람이 정확히 뭐라고 말했습니까?"

이런 식으로 물어봤을 때 정보 제공자가 대답을 거부하거나 얼버무린다면 가짜 뉴스라고 단정해도 좋다. 인터넷상의 글이나 텔레비전 보도 등도 기본적으로는 마찬가지다.

상세한 질문 기술은 제2장에서 소개하겠지만, 사실 질문법은 내가 아는 범위에서 가장 간단하면서도 강력한 팩트 체크법이다. 이런 방법 몇 가지를 알고 있으면 음모론에 놀아나거나 보이스 피싱 같은 사기에 휘말리는 사태를 피할 수 있다.

현재 우리 주변에는 다양한 차원의 정보가 뒤섞여 범람하고 있다. 인간관계를 회복하거나 문제를 해결하려면 혼란과 오해를 유발하는 가짜 정보들을 구별하는 태도와 기술이 필요하다. 이때 사실 질문법이 매우 유용하게 쓰일 수 있다.

거대한 나무를 쓰러트릴 때, 큰 망치로 쳐서 단번에 쓰러트리려고 하면 반동 때문에 다시 쳐야 하는 경우가 많다. 망치로는 나무를 쓰러트리기 어렵다는 말이다. 이와 마찬가지로 문제의 원인이나 상황을 손쉽게 파악하기 위해 일반화된 말을 사용해서 질문한다면 진짜 원인이나 상황에 도달할 수 없다.

그에 비해 사실 질문은 작은 도끼로 나무를 조금씩 쪼개서 확실히 쓰러트리는 방법이다. 즉 간단한 사실을 물어보는 질문을 반복하면서 상대의 현실을 점점 부각시키는 방법이라 할 수 있다.

사실과 해석을 분리하면서
메타인지 능력을 키울 수 있다

 사실 질문을 사용하는 방법을 구체적으로 소개하기에 앞서, 사실 질문법의 최종적인 이점을 소개하려고 한다. 사실 질문법은 '자기 관찰과 자기 제어를 위한 우수한 훈련법'이다.
 사실 질문법을 배우고 실천하려면 가장 먼저 편견 없는 시선으로 자신을 관찰하면서 자신의 대화 방식부터 살펴보라고 강력하게 권하고 싶다. 자신을 조금이라도 의식하며 살펴본다면 아마 자신의 발언 대부분에 선입견 질문이 많다는 사실을 금방 깨닫게 될 것이다. 특히 '왜? 질문'이나 "평소에는?" 같은 일반적인 질문이 많을 텐데, 그런 질문을 어떻게든 참으려고 의식한다면 그렇게 어려운 일이 아니라는 것도 알게 될 것이다.

 독자 여러분에게 강조하고 싶은 중요한 것이 한 가지 더 있다.

평소에 무의식적으로 사용했던 '왜? 질문'이나 '평소에? 질문'을 줄이는 행동 변화야말로 의사소통의 괴리를 개선하는 가장 확실한 방법이라는 사실을 깨닫는 것이다. 이는 '메타인지'라고 불리는 매우 중요한 능력이다. 그리고 이 능력은 간단한 규칙에 따라 자기 관찰을 하는 것만으로 얻을 수 있다는 점에서 사실 질문법의 가장 큰 효용이라고 할 수 있다.

나는 간단한 훈련이나 간단한 규칙에 조금 따르는 것만으로 행동 패턴을 바꿀 수 있는 방법을 지금까지 단 한 번도 본 적이 없다. 코칭이나 의사소통 방법을 다룬 수많은 책을 읽었지만, 행동 변화의 필요성은 강조하더라도 실천적인 훈련 방법까지 제시해 주는 경우는 많지 않았다. 대부분 마음가짐이나 실제 사례가 적혀 있을 뿐, 기술적인 부분은 분량이 적었고 심지어 모호했다.

하지만 대화를 나누면서 '왜라고 질문하고 있지는 않나?' 하고 '자신을 관찰하는' 사실 질문 연습은 그 벽을 너무나도 간단히 뛰어넘을 수 있게 해 주었다. 나에게 있어 사실 질문법의 가장 큰 효용은 메타인지를 터득할 수 있게 해 준 것이라고 해도 지나친 말이 아니다.

유용한 실전 기술

'감정 질문'은 억지로 하지 않아도 된다

여기에서는 세 종류의 질문 가운데 감정이나 기분을 묻는 질문(감정 질문)을 어떻게 다뤄야 할지에 관해 정리하려고 한다.

사실 질문법에서 선입견 질문, 특히 '왜? 질문'은 하면 안 되는 질문이다. 그에 비해 기분이나 감정을 묻는 감정 질문은 꼭 해야 할 필요까지는 없는 질문이다. 애초에 기분은 말로 표현하기 어렵다. 그것을 직접적인 말로 표현하면 그 아래 자리 잡고 있는 '생각'이 포함되기 때문이다. 가령 "슬펐습니까?"라는 질문은 "슬프다고 생각했습니까?"라는, 절반쯤 '생각'을 묻는 질문이 되어 버릴 우려가 크다. 즉 감정에 관해 아무리 깊게 파고들어 질문한다고 하더라도 선입견으로부터 벗어나기는 어렵다.

감정이나 기분은 생물인 인간에게 매우 본질적인 것이다. 인간은 그런 감정이나 기분을 직접적인 말보다는 표정이나 몸짓, 웃음이나 눈물, 외침, 신음 같은 몸짓으로 표현하도록 만들어진 존재다.

사실 질문법이 주로 다루는 영역은 말을 통한 대화다. 기분은 굳이 말로 물어보지 않아도 된다. 꼭 말로 표현하고 싶다면 상대가 먼저 말할 것이다. 그렇게 믿고 담담하게 사실을 질문하면서 그런 분위기를 만들 수 있도록 좋은 관계를 구축하자.

2장

'사실 질문'은 어떻게 만들까?
— 정의와 공식 —

사실 질문법은 매우 오묘한 대화법이다. 하지만 사실 질문의 지극히 기초적인 공식만 외울 수 있다면 즉시 실천할 수 있다. 높은 수준의 사실 질문법을 배우지 않더라도 '해석의 엇갈림'을 해소하고 이야기를 빠르고 올바르게 이해한다는 목적 자체는 상당 부분 달성할 수 있다.

사실 질문은 '답이 한 가지로 압축되는 질문'이다

먼저, 사실 질문이 무엇인지부터 알아보자. '사실'이란 무엇인지 단도직입적으로 묻는다면 사실이라는 말의 학문적인 정의부터 출발할 수밖에 없다. 그러면 결국 언어학이나 논리학의 영역으로 들어가야 한다. 이 책에서는 그런 상황을 피하기 위해 '사실 질문'에만 포커스를 맞춰 대체 그것이 무엇인지 살펴보려 한다.

먼저, 사실 질문은 **답이 한 가지로 압축되는 질문**이라고 정의할 수 있다. 즉 이리저리 고민하거나 궁리하지 않아도 자연스럽고 단순명쾌하게 대답할 수 있는 질문을 말한다. 예를 들어 "왜 지각했어?"라는 질문은 답이 한 가지로 압축되지 않기에 사실 질문이 아니다. 한편 "집에서 언제 출발했어?"라는 질문은 한 가지 답으로 압축될 수 있으므로 사실 질문이다.

이는 어디까지나 정의에 불과하다. 따라서 실제로 대화할 때

일일이 그런 것까지 생각할 여유는 없을 것이다. 사실 질문인지 아닌지 좀 더 간단하게 구별하는 현실적인 방법은 다음과 같은 단순한 요건을 충족하는지 살피는 것이다.

사실 질문의 세 가지 요건:
① 의문사 ② 시제 ③ 주어

먼저, 영어의 의문사인 '5W 1H'의 관점에서 사실 질문의 요건을 충족하는지 살펴본다.

5W 1H 가운데 '사실을 묻는 의문사'만 사용한 질문은 사실 질문이다. 구체적으로 5W 1H 중에서 Why와 How를 제외한 의문사를 사용한 질문은 사실 질문이다. 다시 말해 When(언제), What(무엇), Where(어디), Who(누가, 누구와)가 들어간 질문을 말한다. 가령 "이것은 무엇입니까?"라든가 "저 사람은 누구입니까?"는 명백한 사실 질문이다.

의문사를 사용하는 질문 패턴 이외의 또 다른 질문 중에는 "아침 식사는 하셨습니까?"와 같은 '네/아니요'로 대답할 수 있는 질문 형식이 사실 질문이다.

결론부터 말하면, '네/아니요'로 대답할 수 있는 질문 가운데 과거의 사건이나 지금 실제로 일어나고 있는 사건에 관한 질문이 사실 질문이다. '과거형'과 '현재 진행형' 질문은 사실 질문이라는 말이다. "어제 몇 시에 일어나셨습니까?"라든가 "지금 펜을 갖고 계십니까?" 같은 질문이 여기에 해당한다.

반면에 "칼로리를 신경 쓰고 계십니까?"라는 질문은 시제가 모호하기 때문에 사실 질문이 아니다. 이를 사실 질문으로 바꾸면 "어제는 총 몇 칼로리를 섭취하셨습니까?" 혹은 "섭취 칼로리를 매일 기록하고 계십니까?"가 된다.

또 하나의 기준으로는 '주어가 명확하고 구체적인가?'를 들 수 있다. 이를테면 "사람들이 그렇게 말합니까?" 같은 질문은 주어가 명확하지 않아서 사실 질문이 아니다. "당신은 뭐라고 말씀하셨습니까?" 혹은 "누가 그렇게 말했습니까?"가 사실 질문이다.

사실 질문의 정의

'답이 한 가지로 압축되는 질문'

1. **Why·How를 사용하지 않았는가?** (의문사)
   (When, What, Where, Who, How much/many를 사용했거나 '네/아니요'로 대답할 수 있는 형태)
2. **과거형 혹은 현재 진행형인가?** (시제)
3. **주어가 특정되어 있는가?** (주어)

또한 감각적인 판단 기준으로는, 자신이 그 질문을 받았을 때 기억을 떠올려서 곧바로 대답할 수 있는 것도 사실 질문이다. 이것저것 생각해야 대답할 수 있다면 사실 질문이 아니다. 이것도 기억해 두기 바란다.

> ○ 자신이 질문받았을 때 곧바로 기억을 떠올려서 대답할 수 있는 것은 사실 질문이다
> ○ 그렇지 않은 것(이것저것 생각해야 대답할 수 있는 것)은 사실 질문이 아니다

사실 질문에 사용할 수 있는 의문사

- ✗ Why | 왜(어째서)
- ✗ How | 어떻게
- ○ How much | 얼마나
- ○ How many | 몇 개나
- ◎ When | 언제
- ○ Where | 어디
- ○ What | 무엇
- ○ Who | 누구

선입견 질문을 사실 질문으로 바꾼다

지금부터는 사실 질문을 어떻게 만들고 어떻게 사용해야 하는지에 관해 자세히 소개하겠다. 지금까지와 마찬가지로 선입견 질문을 사실 질문으로 바꾸는 방식으로 설명하는 편이 알기 쉽고 기억에 잘 남기 때문에 그렇게 진행하겠다.

선입견 질문은 크게 다음 다섯 가지로 정리할 수 있다.

1 **'왜? 질문'** 왜 그런 실수를 한 거야?
2 **'어때? 질문'** 지금 하고 있는 일은 어때요?
3 **'평소에? 질문'** 평소에 누구와 상의하시나요?
4 **'의견을 묻는 질문'** 어떻게 생각하십니까? 어째서 해결되지 않는 것입니까?
5 **'문제를 묻는 질문'** 어떨 때 어려움을 느끼십니까?

이 가운데 가장 자주 사용되는 것은 1~3(왜, 어때, 평소에)의 질문이다. 또한 4와 5는 대부분 1이나 2의 형태(왜, 어때)를 띠게 된다. 그러므로 지금부터 선입견 질문을 1~3의 패턴에 집중하며 사실 질문으로 바꾸는 방법을 제시하겠다.

말은 이렇게 했지만 혼란스러운 사람도 있을 수 있으니 먼저 연습부터 해 보자. 다음 예제의 질문을 '사실 질문'과 '그렇지 않은 질문(선입견 질문, 일반적인 질문 등)'으로 구분해 보자.

앞에서 소개했듯이 구분할 때의 요령은 크게 세 가지다.
첫째는 ①사용한 의문사(5W 1H 등)다. 먼저 사실 질문에 사용할 수 있는 의문사인지 아닌지 확인하자. 기본적으로 5W 가운데 'Why'는 피하고 'When=언제', 'Where=어디에서', 'Who=누가', 'What=무엇을'로 바꾸고자 노력하는 것이 사실 질문의 대원칙이다.
둘째는 ②시제다. 가령 "잘 지내고 있어?" 같은 경우, 형태는 현재 진행형이지만 언제 일을 묻는지 명확하지 않아서 사실 질문이 아니다. 최근 며칠간을 물어본 것인지 혹은 최근 수 주일간을 물어본 것인지 명확하지 않아서 그에 대한 대답도 모호해 질 수 있기 때문이다.
마지막으로 ③일반적인 말(보통은, 여러분은) 혹은 모호한 말을

사용하지 않았는지 살펴본다. 주어가 명확하지 않거나 부사가 모호하지 않은지 최종 점검하는 것이다. 예를 들어 "아침밥은 든든히 먹고 있어?"에서 "든든히"는 구체적으로 어떤 상태를 가리키는지 질문하는 쪽과 질문 받는 쪽 사이에 정의가 일치하지 않기 때문에 상대에게 다른 생각을 하게 만들 수 있다.

이런 세 가지 요령과 더불어 '답이 하나뿐인지?'를 확인할 수 있다면 더할 나위 없다.

> **예제**
>
> 1 그거, 누구한테 받았어?
> 2 친구들과 잘 지내고 있니?
> 3 가장 최근에 이 가게에 온 건 언제였어?
> 4 평소에 간식을 사는 가게는 어디인가요?
> 5 오늘 저녁에 뭐 먹고 싶어?
> 6 왜 좀 더 일찍 일어나지 않았어?
> 7 그 모자 멋지네. 직접 고른 거야?
> 8 다니는 학교는 집에서 가까운가요?
> 9 결혼을 결심한 결정적인 이유는 무엇이었나요?

위 예제 중 무엇이 사실 질문이고 무엇이 아닌지 구분해 보자.

참고로 답은 다음과 같다.

> **해답**
>
> **1 그거, 누구한테 받았어?**
> 과거형이고 '누구한테'라는 의문사(Who)를 사용해서 사실 질문이다.
>
> **2 친구들과 잘 지내고 있니?**
> 사실 질문이 아니다. 두 가지 말이 문제가 되는데, 무엇일까? 그렇다. "친구들"과 "잘 지내고 있니?"다. 질문하는 쪽과 대답하는 쪽의 이해가 일치하지 않은 채로 질문했기 때문에 둘 사이의 대화가 꼬이기 쉬운 전형적인 선입견 질문이다. 형태는 현재 진행형이지만 언제 일인지 특정하지 않았다.
>
> **3 가장 최근에 이 가게에 온 건 언제였어?**
> "가장 최근"과 "언제"를 사용한 전형적인 사실 질문이다.
>
> **4 평소에 간식을 사는 가게는 어디인가요?**
> '평소'라는 일반화된 말을 사용했기 때문에 사실 질문이 아니다. "어디"라는 의문사를 사용해서 사실 질문처럼 생각할 수 있으니 주의해야 한다.
> "평소에 누구하고 놀아?" 같은 질문도 "누구?"라고 물었지만 "평소에"도 함께 사용했기 때문에 사실 질문이 아니다. 이를 구별하는

방법은 "평소에는"이나 "보통은", "사람들은" 같은 일반화된 표현에 주의하는 것이다.

사실 질문으로 만들려면 과거형을 사용하고, 또 "가장 최근에는?"처럼 명확히 지정해서 "가장 최근에 간식을 산 가게는 어디인가요?"라고 질문하면 된다.

5 오늘 저녁에 뭐 먹고 싶어?

"무엇"을 사용하기는 했지만, 미래형이고 게다가 소망을 묻는 질문이기에 사실 질문이 아니다. 다만 그렇다고 사용하지 말아야 할 질문은 아니다. 일상 대화 속에서라면 신경 쓰지 않고 사용해도 된다.

6 왜 좀 더 일찍 일어나지 않았어?

"왜?"라는 금지 질문을 사용했으므로 명백히 사실 질문이 아니다.

7 그 모자 멋지네. 직접 고른 거야?

"직접 고른 거야?"는 과거형이고 주어가 명확해서 사실 질문이다.

8 다니는 학교는 집에서 가까운가요?

가까운지 먼지는 주관적인 문제라서 사실을 질문했다고 말할 수 없다. 사실 질문이 아니다.

> **9 결혼을 결심한 결정적인 이유는 무엇이었나요?**
> 헷갈리는 사람도 많을 듯한데, 사실 질문이 아니다. "무엇(What)"을 사용했고 과거형이며 주어도 명확해서 사실 질문처럼 보이지만, '결혼을 결심한 결정적인 이유'라는 말이 일반적인 동시에 모호하다. 사실 질문으로 만들려면 "결혼을 결심한 것은 언제인가요?"처럼 기억을 떠올리는 것만으로 대답할 수 있어야 한다. "언제"를 떠올리는 사이에 무엇이 결정적인 이유였는지도 함께 떠올라 '질문하지 않았는데 상대가 이야기해 주는 상황'도 기대할 수 있다.

판단하기 어려운 것도 있지만, 자주 하다 보면 쉽게 구별할 수 있을 것이다. 너무 엄밀하게 따지지 말고 자신과 타인의 질문을 이러한 관점에서 살펴보는 습관을 들이기 바란다(참고로 사실 질문이 아니라고 한 질문을 전부 하지 말아야 한다는 것은 아니다. 이번에는 사실 질문을 구별하기 위한 연습이니 신경 쓰지 않아도 된다).

생각하게 하지 말고 기억을 떠올리게 해라

이번에는 제0장에서 소개했던 대화의 사례를 조금 더 자세히 살펴보자.

상황 1-2

A 밥맛이 없어?
B 그런 건 아닌데……
A 회사에서 무슨 일이라도 있었어?
B 그게, 제가 요즘 실수를 자주 하거든요. 오늘도 제 상사인 C 씨에게 "너, 일할 의욕이 있기는 한 거야?"라고 한소리 들었어요.
A 무슨 실수를 했는데?
B 회의 시작 시간을 착각하는 바람에 지각했어요.
A 언제 그랬는데?

B 어제요.

A 그전에 실수한 건 언제였는데?

B 이번 주 월요일이요.

A 그러면 그전 실수는?

B 그게, 그러니까……. 어라? 기억이 안 나네요.

A …….

B 아! 입사 직후에 한 번 그랬어요. 하지만 그때는 자신에게도 책임이 있었는지, C 씨도 그렇게 화는 안 냈어요.

A 그랬군. 월요일에는 무슨 실수를 했어?

B C 씨가 갑자기 "빨리 제출해!"라면서 화를 냈어요. 분명히 목요일까지만 제출하면 된다고 했으면서……. 어, 생각해 보니 순전히 제 책임인 실수는 어제뿐이었네요? 그런데 왜 다 내 책임이라고 생각했던 걸까요?

A 혹시 C 씨가 다른 사람한테도 똑같이 화내는 걸 본 적 있어?

B 있어요. 제 동기인 D한테도 종종 그렇게 말해요.

A 그렇군. 그런데 C 씨하고는 앞으로도 계속 같이 일해야 하는 거야?

B 아니요. 다음 달 인사이동 때 본사로 돌아간대요. ……어? 갑자기 식욕이 돌아왔어요. 우리 식사한 다음에 커피 한잔하고 들어가도 될까요?

A 좋지. 그러면 장소를 옮길까?

A의 질문은 파란색으로 표시한 '무엇? 질문', '언제? 질문'으로 시작해, 단순히 "그전에는?", "그전에는?"이라고 묻는 것이었다. 그렇게만 했어도 B는 이전의 일을 정확히 기억해 냈고 '실수가 잦았던' 게 아니라는 것을 스스로 깨달았다. 그리고 A의 다음 질문은 강조한 "혹시 C 씨가 다른 사람한테도 똑같이 화내는 걸 본 적 있어?"로, 역시 단순한 사실을 묻는 질문이었다. 주어를 명확히 하고 "본 적 있어?"라는 과거형으로 물었다. 전부 답이 하나뿐인 질문이라는 것을 눈치챘을 것이라 생각한다.

기본적으로 우리의 기억은 믿을 만한 것이 못 된다. 자신에게 유리한 것만 기억하고, 반면에 좋은 일이든 그렇지 않은 일이든 자신이 만든 이야기에 들어맞지 않는 것은 기억하지 못하는 경우가 많다. 사고방식이 부정적인 사람이 매사를 부정적으로 보는 것은 결국 그러는 편이 마음이 편해지기 때문이라고 할 수 있다.

그러므로 자신의 경험 속에 파묻힌 보물을 찾아내려면 누군가의 적절한 질문을 통해 엉켜 있던 기억의 실마리를 풀 필요가 있다. 요컨대 과거의 경험을 정확히 떠올리는 사이에 상대는 그것을 바탕으로 재분석하기 시작한다. 그렇기 때문에 지금의 왜곡된 기억에 근거해서 생각하게 하면 안 되는 것이다.

'언제?'라고 묻는 건 강력한 '사실 질문'이다

여기까지 읽고 사실 질문법이 조금 어렵다고 느낀 사람도 있을지 모른다. 그런 사람에게는 지금부터 소개할 가장 기본적인 공식 ① "왜?"라고 묻고 싶어지면 "언제?"라고 묻는 방법을 무작정 사용해 보라고 강력하게 권하고 싶다. "언제?"는 앞으로 소개할 기본 공식 중에서도 가장 간단하고 강력한 질문이다.

상대가 고민거리나 걱정거리 등을 이야기한다면 "왜?"라며 원인이나 동기를 묻지 말고, "최근에 그 일이 일어났던 건 언제인가요?"라고 묻는 것이다. 무슨 질문을 해야 할지 난감하다면 일단은 모든 질문의 시작을 "언제"로 바꾸는 것부터 해 보자. 그런 다음 "그전에는?" 하는 식으로 질문하다 보면 상대는 점점 기억을 떠올릴 것이다. 다음에는 "그건 어디에서였습니까?", "누구와(혹은 누가, 누구에게)?", "무엇을?" 등을 묻거나, 반대로 "시작은 언제였습니까?"처럼 현재를 향해 질문을 진행하면 된다.

그러는 사이 상대는 그 사건에 관해 정확히 기억을 떠올리며, 원인이나 동기, 혹은 사태 파악에 관한 자신의 선입견과 현실의 괴리를 깨닫고 스스로 그것을 이야기하기 시작할 것이다. 제0장에서 실수를 자주 저질러 고민이라던 B가 "어, 생각해 보니까 순전히 제 책임인 실수는 어제뿐이었네요? 왜 다 내 책임이라고 생각했던 걸까요?"(16쪽)라고 했던 것이나, 제1장에서 이직을 의논했던 A가 "굳이 영어와 관련이 있는 곳인지 집착할 필요는 없을 것 같아. 내가 정말로 하고 싶은 일이 뭔지 좀 더 생각하면서 이직할 곳을 폭넓게 찾아봐야겠어!"(63쪽)라고 했던 말이 바로 그것이다.

먼저 '언제? 질문'만이라도 시작해 보자

'왜? 질문'을 한 사람이 듣고 싶어 하는 것은 어떤 사건 또는 행위의 이유나 원인, 동기다. 그러나 곰곰이 생각해 보면 그 사건 또는 행위는 전부 과거에서 현재에 걸친 시간의 흐름 속 어딘가에서 일어났던 것이다. 그러므로 "그 일이 언제 일어난 거야?", "처음은 언제였어?", 혹은 "가장 최근에는 언제 일어났어?"라는 '언제? 질문'으로 얼마든지 바꿀 수 있다.

'어때? 질문'도 마찬가지로 '언제?'를 사용할 수 있다. '어때? 질문'이 듣고자 하는 것은 그 사건이나 행위의 상태나 상황이므로 "어때?" 대신 "언제?"를 사용할 수 있다. 그리고 (후술하겠지만) 그 후에는 "어디에서?", "누가?", "무엇을?"에 대해 물어볼 수 있다. 이것만 기억한다면 '왜? 질문'도 '어때? 질문'도 간단한 사실 질문으로 바꿔 질문할 수 있다.

다음에 예시로 든 드라마나 영화, 혹은 만화나 소설 속에 나오는 '왜? 질문'을 어떻게 바꿀지 생각하면서 연습해 보자.

> **1 연애 드라마의 "남자 친구와 헤어지려고 해."**
> → 자신도 모르게 "왜?"라고 묻고 싶어질 텐데, 어떻게 바꿔야 할까?
> **2 형사 드라마의 "그런 야심한 시각에 왜 그곳에 있었습니까?"**
> → 이 탐정의 질문을 어떤 사실 질문으로 바꿀 수 있을까?
> **3 친구의 "그딴 회사에 취직하지 말았어야 했어."**
> → "왜 그 회사에 취직한 거야?"라고 묻고 싶어질 때는 어떻게 바꿔 말하면 좋을까?

잠시 생각해 보자.

1 연애 드라마의 "남자 친구와 헤어지려고 해."

이 경우는 "언제부터 그런 생각을 하게 됐는지 기억해?"라든가 "처음 그 생각을 한 건 언제였어?"라는 식으로 최초의 계기를 떠올릴 수 있는 질문을 하는 것이 정석이다. 그 질문에 대한 대답이 최근이었는지 꽤 오래전이었는지에 따라서 다음 질문이 조금 달라질지도 모른다. 하지만 "그다음에는?", "그다음에는?" 하면서 시간의 흐름에 따라 물어보는 것이 기본 공식이다. 그런 흐름에서 "가장 최근에 그런 생각이 강하게 들었던 건 언제야?" 혹은 "그렇게 결심한 건 언제야?" 같은 질문을 하게 될지도 모른다.

2 형사 드라마의 "그런 야심한 시각에 왜 그곳에 있었습니까?"

이 경우는 "언제부터 그곳에 있었습니까?" 혹은 "언제까지 그곳에 있었습니까?"라고 질문할 수 있다. 나아가 "전에도 그곳에 간 적이 있습니까? 있다면 언제입니까?"라고 질문하거나, "어떻게 그곳에 갔습니까?" 같은 다른 종류의 사실 질문도 할 수 있다.

3 친구의 "그딴 회사에 취직하지 말았어야 했어."

이 경우는 앞에서 예로 들었던 이직 상담(62쪽)과 비슷하다. 그 사례에 나오듯이 "지금 다니고 있는 곳에는 언제 취직했어?"라고 물어서 당시의 상황을 먼저 기억해 내도록 유도하자. 그리고 기회를 봐서 "그때 몇 곳에 입사 지원을 했는지 기억해?" 같은 결정적인 질문을 하도록 하자. A의 경우 합격 통지가 온 다른 회사는 영

> 어와 관련이 없었다는 사실을 선명하게 떠올리고 '영어와 관련이 있는 곳에서 일하고 싶어.'라는 생각이 나중에 만들어졌다는 것을 깨달았다.
> 참고로 이 "그때 몇 곳에 입사 지원을 했는지 기억해?"라는 질문은 다른 공식에 따라 사용한 질문이므로, 제4장에서 소개하겠다.

먼저 "왜?"라고 묻지 말고, "언제?"라고 묻는 방법을 시도해 보자. 효과가 있었다고 느꼈거나 왜 그렇게 묻는지 이해할 수 있다면 조금씩 습관으로 만드는 것만으로 충분하다. 그렇게만 하더라도 충분히 흐렸던 유리가 투명해져 다른 풍경이 보이기 시작할 것이다. 그리고 타인과의 관계도, 자신을 대하는 자세도 점차 변화할 것이다.

'사실 질문'의 다섯 가지 기본 공식

지금부터는 사실 질문의 다섯 가지 기본 공식을 소개한다.

[기본 공식 ①]

"왜?"라고 묻고 싶어지면 "언제?"라고 묻는다

첫째는 앞에서 이야기한 사실 질문의 기본 중의 기본 공식, 즉 "왜? 어째서?"라고 묻고 싶어질 때 그 말을 일단 꿀꺽 삼키고 "언제?"라는 사실 질문으로 바꿔서 질문하는 것이다. 이를 좀 더 자세히 설명하겠다.

'왜? 질문'의 경우, 질문의 대상이 되는 것은 '취직할 곳을 선택한다.', '숙제를 잊어버렸다.', '아침에 일어나지 못한다.', '처음 만나는 사람과 대화하는 것이 서툴다.' 등의 행위나 사건, 현상이다. 요컨대 "왜?"라는 질문을 통해 그 배경이나 원인, 동기를 들으려 하는 것이다. 하지만 이는 변명이나 자신에게 유리한 해석, 근거가 빈약한 선입견을 끌어내는 좋지 않은 질문이다. 그런 상황에서는 절대 "왜? 질문"을 사용하지 말아야 한다.

질문 대상이 되는 행위나 사건이 일회성일 경우 "그곳에는 언제 취직했어?", "그 행위를 한 것은 언제야?", "그 사건이 일어난 것은 언제야?"처럼 그 일이 일어난 일시를 특정하는 '언제? 질문'으로 바꾸는 것이 좋다.

지속적인 사건이나 현상, 혹은 반복적으로 일어나고 있는 일에 관해서는 처음과 끝이 있으니까 "제일 처음은 언제?" 또는 "가장 최근은 언제?"라고 묻는다.

"언제?"라고 질문한 뒤에는 "그전에는?", "그전에는?" 하면서 시간의 흐름에 따라 질문을 계속하는 것이 정석이다. "왜?"라고 물으면 상대는 머릿속에서 생각하기 시작하지만, "언제?", "그전에는?" 하고 계속 물으면 기억을 떠올리려고 한다. 이 과정이 바로 선입견을 배제하고 사실을 확인하는 행위로 이어지는 것이다.

너무나도 당연한 사실이지만, 이 세상의 온갖 현상은 전부 시간과 공간 속에서 일어난다. 그러므로 "언제?"라고 질문할 수 없는 것은 존재하지 않는다.

"왜?"라고 묻지 않고 "언제?"라고 묻는다는 이 기본 공식이야말로 '인과관계=선입견'의 함정에 빠지지 않고 시간을 축으로 삼아 사물의 관계를 사실에 근거해 착실히 밝히기 위한 가장 단순하고 효과적인 방법이다. 사실 질문의 기본 중의 기본이므로 "왜?"라고 묻고 싶어지면 "언제?"라고 묻는다는 공식을 머릿속에 반드시 기억해 두었다가 지금이다 싶을 때 사용해 볼 것을 강력히 권한다.

시간을 축으로 삼는 '언제? 질문'

| 기점 | | 최근 | 지금 | 미래 |

- 제일 처음에 그 일이 일어난 것은 언제?
- 그다음은? 그다음은?
- 가장 최근에 그 일이 일어난 것은 언제?
- 그전에는? 그전에는?

[기본 공식 ②]

"왜?"라고 묻지 말고 '네/아니요로 대답할 수 있는 과거형'으로 바꾼다

> "금방 피곤해지는 건 운동을 안 해서야. 왜 헬스클럽에 다니지 않는 거야?"
> "왜 그런 고약한 남자 친구와 헤어지지 않는 거야?"

세상에는 이런 질문의 탈을 쓴 강요형 제안이나 조언도 가득하다. 자신이 당하면 기분이 상하거나 질색할 텐데도 무의식중에 그런 말을 한다.

이런 말은 가급적 하지 않도록 자신을 억누르는 것이 좋지만, 꼭 하고 싶을 때 혹은 하는 편이 좋을 때도 있기 마련이다. 이를테면 '운동 부족이라고 입버릇처럼 말하면서도 절대 스스로 행동하지 않고, 게다가 질문자가 봤을 때 내버려두면 심각한 사태에 이를 수 있다고 판단될 경우' 등이 이에 해당한다. 그럴 때는 특히 "○○한 적 있어?"라는 '네/아니요'로 대답할 수 있는 과거형 질문으로 바꾸는 것이 효과적이다.

앞의 예라면 다음과 같이 바꾸는 것을 추천한다.

> "요즘 운동한 적 있어?"
> "헬스클럽에 간 적 있어?"
> "운동을 해야겠다고 생각한 적 있어?"

또 다른 예의 경우는 다음과 같이 바꾼다.

> "남자 친구와 헤어지려고 생각한 적 있어?"
> "헤어지려고 한 적은 없어?"

만약 "헤어진다."라는 말이 너무 노골적인 것 같다면 "관계에 변화를 주려고 한 적 있어?"와 같은 식으로 돌려서 물어볼 수도 있다. 이 질문에 대해 상대가 대답을 얼버무리거나 제대로 대답해 주지 않는다면 더는 관여하지 않는 것이 서로에게 좋다. 상대는 그저 자신의 푸념을 들어 줬으면 하는 것일 뿐, 당신에게 조언을 구할 생각은 애초에 없었기 때문이다.

참견형의 "왜?"는 삼간다

'왜? 질문'을 바꿀 때의 중요한 원칙은 '제안하거나 상대가 원치 않는 조언을 하지 않는다.'이다. 정말로 상대가 받아들여 주기를 원한다면 제안하지 말아야 한다. 이는 기본 공식이라기보다 자세 혹은 마음가짐의 문제다.

제안이나 조언을 삼가는 편이 좋은 이유는 무엇일까? 실제 사례를 통해서 설명하겠다.

어떤 연수를 개최했을 때 있었던 일이다. 연수 이틀째 아침 A라는 수강생이 15분 정도 늦게 왔다. 강사 T는 "왜 지각했습니까?"라고 묻고 싶은 마음을 꾹 참고 다음과 같이 대화를 시작했다.

> T 집에서 이곳에 오려면 시간이 얼마나 걸리나요?
>
> A 30분 정도입니다.
>
> T 오늘은 몇 시에 일어나셨나요?
>
> A (부끄러운 표정으로) 8시 반에 일어났습니다(연수는 아침 9시에 시작되는데 8시 반에 일어났으니 당연히 지각할 수밖에 없다).
>
> T 그렇다면 어제 몇 시에 잠자리에 드셨나요?
>
> A 새벽 2시가 넘어서였습니다.
>
> T 그때까지 뭘 하셨나요?
>
> A DVD로 영화를 봤습니다. 대여점에서 빌려 놓고 안 보고 있었는데, 오늘이 반납일이라 보고 자야겠다고 생각했습니다.
>
> T 아, 그랬군요. 사정은 알겠습니다. 그런데 영화를 보기 시작한 시각은 몇 시였나요?
>
> A 자정이 지날 무렵이었습니다.
>
> (여기까지 대화를 진행한 강사는 질문을 멈추고 조용히 있었다. 그러자 얼마 후 A가 입을 열었다)
>
> A 영화를 볼 생각이었다면 좀 더 일찍 보기 시작했어야 했네요. 다음부터는 주의하겠습니다.

강사 T가 '언제? 질문'을 계속 이어 갔다는 것을 알 수 있다. 마지막에 A가 한 말을 강사가 설교조로 말했다면, 즉 이쪽이 제안하거나 조언한 경우와 이 사례처럼 A가 직접 어디에 문제가 있었는지 스스로 찾아내 그 문제를 수정하겠다고 자신의 입으로 말한 경우의 차이를 비교해 보기 바란다. 어느 쪽이 행동 변화로 이어질 수 있을지는 깊이 생각할 필요도 없다. "DVD를 봐야 했다면 왜 좀 더 일찍 보지 않은 겁니까?"라고 설교조로 말하는 것은 결국 힐문형 '왜? 질문'이 되어 버리기 때문이다.

회사 같은 조직에서 가장 미움받는 상사는 틀림없이 수시로 원치 않는 조언을 하는 사람이다. 성공 체험을 강요하거나, 그럴듯한 설교를 반복하는 것도 같은 범주에 속한다.

어렵다고 생각할지 모르지만, '사실 질문만 하자.'라고 마음먹는다면 상당히 참견하기를 좋아하는 사람이라도 자제할 수 있을 것이다.

다음은 흔한 참견형 질문의 사례다. 이를 공식에 따라 자유롭게 바꿔 보자. 질문 모두가 상황에 따라 대화의 흐름이 크게 달라지기 때문에 특별히 이것이 정답이라는 것은 없다. 다만 확실히 사실 질문으로 바꿨는지 확인하는 것만큼은 잊지 말기 바란다. 이를 구별하는 방법은 기억하고 있을 것으로 생각한다.

1 집에만 있지 말고 가끔은 외출도 하면 어때?
2 왜 일찍 병원에 가지 않은 거야?
3 망설이지 말고 용기를 내서 말을 걸어 보면 어때?

이를 다음과 같이 바꿀 수 있다.

1 집에만 있지 말고 가끔은 외출도 하면 어때?
→ 마지막으로 외출한 건 언제야? 저번 주말에 어디 다녀왔어? 최근에 쇼핑하러 나간 건 언제였어?

2 왜 일찍 병원에 가지 않은 거야?
→ 병원에 가서 진찰받아 보려고 생각한 적 있어? 단골 병원은 있어? 최근에 병원에 갔던 건 언제야?

3 망설이지 말고 용기를 내서 말을 걸어 보면 어때?
→ 용기를 내서 말을 걸어 보려고 생각한 적 있어? 그 사람과 뭔가 이야기해 본 적은 있어? (있다고 대답했다면) 그때는 누가 먼저 말을 걸었어?

힐문형 "왜?", "어째서?"는 입 밖에 내지 않는다

> "왜 나한테 곧바로 연락하지 않았나?"
> "왜 그런 거야? 내가 귀에 못이 박히도록 말을 했잖아."

앞의 질문처럼 부하, 또는 후배에게 말하고 싶어졌다면 그 말은 꿀꺽 삼키는 것이 최선이다. 어떻게 바꿔야 할지 일일이 생각할 필요까지는 없다. 그런 질문은 상대에게 힐문이나 비난으로 받아들여질 뿐이며 반드시 관계를 심각하게 꼬이게 만들 것이다.

그 질문의 배후에는 우리의 불만이나 분노가 자리하고 있다. "왜 ○○하지 않은 거야?"라는, 과거의 '하지 않은 것'에 관해 이유를 묻는 질문 대부분이 여기에 해당한다고 생각해도 무방하다. 특히 과거 행위에 관한 질문을 감정이 고조된 상태에서 물어보는 경우는 확실히 '힐문형'이 된다.

또한 자신이 감정적으로 변했다는 사실을 깨달으려면 그 자리에서 잠시 자신을 관찰할 필요가 있다. 분노의 감정을 제어하는 방법을 가르치는 곳에서는 "자신이 화를 내고 있다는 것을 깨달았다면 6초 동안 아무 말도 하지 않고 그런 자신을 바라보시오."라고 가르친다.

힐문형 질문을 억제해야 하는 경우도 이와 마찬가지로 일단 행동을 멈추고 잠시 기다려야 한다. 당신이 자신을 스스로 제어하고 있다는 사실이 상대에게 전해지면 분위기가 차분해지면서 냉정하고 성실한 대화의 무대가 갖춰질 것이다.

그리고 이때 비로소 '언제? 질문'을 할 수 있다. 이를테면 "왜 나한테 곧바로 연락하지 않았나?"가 아니라 "심각한 상황을 처음 깨달은 건 언제였어?"라고 질문하는 식이다. 나아가 자신에게 연락할 때까지 무슨 일이 있었는지 시간의 흐름에 따라 계속 질문하다 보면 사태의 경위가 밝혀질 것이고, 어디에서 문제가 생겼는지도 자연스럽게 드러날 것이다.

다음의 예는 초등학생 아들에게 힐문형 질문을 하고 싶은 것을 꾹 참고 대화하는 아버지의 사례로, 실제로 있었던 일이다.

상황 6-1

아버지 손톱을 안 깎았구나. 왜 빨리 깎지 않는 거니?
아들 네, 나중에 깎을게요!

아들은 이렇게 말하고 결국 손톱을 깎지 않고 놀러 나갔다.

> **상황 6-2**
>
> **아버지** (아들이 손톱을 깎지 않은 것을 보고) 마지막으로 손톱을 깎은 게 언제였니?
> **아들** (자신의 손톱을 보며) 아, 지금 깎을게요.

질문을 바꿨더니 단번에 해결되었다.

특히 부모와 자식 사이인 경우, "왜 하지 않는 거야?", "왜 하지 않은 거니?"라는 두 패턴의 힐문형 질문은 절대 하지 말아야 한다. 앞의 예처럼 적절히 사실 질문으로 바꾸지 않아도 상관없다. 장담컨대 이 유형의 질문을 삼가기만 해도 관계가 좋아질 것이다.

[기본 공식 ③]

"어때?"라고 묻지 말고 "무엇", "언제", "어디", "누구"라고 묻는다

다음은 '어때? 질문'을 바꾸는 공식이다.

'왜? 질문'의 대상은 행위나 사건, 현상이고, 목적은 그 배경이나 원인, 동기를 아는 것이다. 한편 '어때? 질문'은 "어때?"라는 한 마디로 생각을 단번에 묻는 게으른 질문이다. 질문받는 쪽은 '상대가 무엇을 알고 싶어 하는지 정확히 알지 못한 상태'에서 무언가 마음에 짚이는 것을 대답해야 해서 두 사람 사이에는 당연히 안개가 자욱하게 낀다.

이때의 기본 공식은 그 사건이나 현상을 조금만 해석해서 '무엇이', '언제', '어디에서', '누구에게(누구와)' 일어났는지 묻는 것이다. 다음 '어때? 질문'을 어떻게 바꿀 수 있을지 생각하면서 연습해 보자.

1) 여행, 어땠어?(연휴가 끝난 뒤 회사에서)

'언제(며칠 동안)', '어디에', '누구와' 갔고, '무엇을' 했는지 등을 순서대로 묻고, 대답 속에 흥미로운 내용이 있을 때는 그것에 집중해서 물으면 된다. 어쩌면 상대가 자발적으로 자세히 이야기해 줄지도 모른다. "처음에는?", "그다음에는?" 등 시간의 흐름에 따라 묻는 연습도 할 수 있다.

이때의 비결은 상대의 표정을 잘 관찰하면서 질문을 이어 나가는 것이다. 대답하기 어려워하거나 당황하는 느낌이라면 더 깊이 파고들지 않는 것이 좋다. 가령 비용이 얼마나 들었는지 같은 질문은 자세히 대답하고 싶지 않을 수도 있다. 그런 조짐이 보인다면 깔끔하게 질문을 바꾸는 편이 좋다.

2) 경기, 어땠어?(야구 경기를 끝낸 친구에게)

상대와의 관계에 따라 다르지만, 이쪽이 묻고 싶은 것은 '경기 결과'와 '친구의 플레이(활약상)'로 압축할 수 있다. 먼저 경기 결과는 비밀일 이유가 없으니 직접 물어봐도 된다. 다만 너무 갑작스럽지 않도록 먼저 "상대 팀이 ○○이었지?" 같은 가벼운 확인 질문을 한 다음에 "그래서, 결과는?" 하고 물으면 더욱 자연스럽게 이야기할 수 있다.

친구의 플레이에 관해서도 마찬가지다. "이전 경기와 마찬가지로 3루수였어?"라고 물은 다음에 "타순은 몇 번이었어?", "경기가 끝날 때까지 뛰었어?" 같은 질문을 계속하면 상대는 반드시 자신이 먼저 "타격은 괜찮았는데 중요한 순간에 실수하는 바람에……."와 같은 이야기를 시작할 것이다. 그 이야기를 바탕으로 계속 질문하다 보면 이윽고 상대가 자발적으로 이야기를 이어가는 흐름이 자연스럽게 만들어진다. 그렇게 되면 다른 친구에게는 말하기 어려운 깊은 이야기까지도 하게 될지 모른다.

3) 시험, 어땠어?(모의고사를 치르고 돌아온 자녀에게)

미묘한 상황이다. 특히 입시를 앞둔 사춘기 자녀에게 아버지가 "시험, 어땠어?"라고 직설적으로 물으면 아무래도 대답이 꺼려지기 마련이다. 그렇다고 전혀 묻지 않는 것 또한 부자연스럽다.

절대적인 정답은 없지만, 처음에는 "결과는 어떻게 나왔어?"라고 직설적으로 묻지 말고 '언제, 어디에서, 무엇을, 누구(가, 에게, 와)' 중에 가장 물어보기 쉬운 질문을 찾아서 시작하는 것이 정석이다. 이를테면 '누구? 질문'을 사용해서 "○○하고 같이 갔지? 올 때도 같이 왔니?" 같은 질문으로 시작하는 것이다. 자녀가 딱히 성가시게 생각하지 않는 듯하면 "돌아오면서 서로 답안을 맞춰 보거나 시험이 쉬웠는지 어려웠는지 이야기하고 그러니?"라고 물어도 좋다. 이는 사실 질문이 아니지만, "~했니?"라고 물어보면 너무 직설적이니까 슬쩍 떠보는 의미에서 선입견 질문을 해보는 것도 하나의 방법이다.

자녀는 아마도 직접 대답하지 않고 "○○은 수학이 어려웠다고 했어."와 같은 식으로 대답할 것이다. 이때를 놓치지 않고 "너도 어려웠니?"처럼 자연스럽게 자녀의 성적에 관한 질문을 시도해 본다. 여기까지 왔으면 그다음에는 시험을 잘 봤다거나 못 봤다는 대화로 자연스럽게 이어질 수 있다.

이런 미묘한 대화를 자연스럽고 솔직하게 할 수 있게 되는 것이 사실 질문을 공부하는 목적이다. 어려워 보일지도 모르지만, 복잡하게 생각하지 말고 단순한 공식에 따라 '기억을 떠올리는 것만으로 쉽게 대답할 수 있는 질문'을 만들려고 노력한다면 의외로 간단히 할 수 있을 것이다.

4) 저번 주 논의는 어떻게 됐습니까?(주초에 미묘한 문제를 조정하려고 경영진과 논의한 상사에게)

이 또한 미묘한 상황이다. 논의가 뜻대로 진행되지 않았거나 복잡해서 설명하기 어려운 경우에는 '대답하기 곤란한 질문'이기 때문이다. 그러면 대화가 좀처럼 이어지지 않는다. "이야기는 잘 됐나요?" 같은 말을 덧붙인다면 분위기가 얼어붙을 수도 있다.

이 경우도 발상은 2)나 3)과 같다. '언제, 어디에서, 무엇이, 누구(가, 에게, 와)' 중에서 가장 질문하기 좋고 다음 대화로 연결하기 쉬운 질문이 무엇일지 생각하면서 첫 번째 질문을 시작하는 것이다.

대답하기 쉬운 순서를 생각해 보면, 가장 조심스러운 것은 '무엇이(을)'다. 한편 '어디에서'는 간단하지만 질문하는 의미는 크게 없을 것 같다. 즉 '언제'나 '누구' 중 하나가 좋다는 것을 알 수 있다. 시간에 관해 자세히 알고 싶다면 "몇 시부터 몇 시까지 논의하셨습니까?", "2시부터 4시까지입니다.", "꽤 길었군요. 고생하셨습니다."로 이어질 수 있다. 그런 다음 '누구? 질문'으로 넘어가서 "이쪽에서는 과장님과 차장님 두 분이 가셨다고 들었는데, 경영진에서는 어떤 분이 오셨습니까?"라며 질문을 이어 갈 수 있다.

질문을 빙빙 돌리는 것 같아서 답답하다고 생각될지 모르지만, 이처럼 상대가 대답하는 데 부담을 느끼지 않는 사실 질문부터 시작하면 구체적인 상황을 기억해 내는 환경을 만들 수 있다. 상대가 상황을 정확히 기억해 내서 대답해 주지 않는다면 애초에 질문하는 의미가 없다.

[기본 공식 ④]

> "평소에는"이 아니라 "오늘은?", "사람들"이 아니라
> "누구?"라고 묻는다

'평소에? 질문'을 비롯한 일반적인 질문을 바꾸는 공식이다.

다음 질문을 이 기본 공식 ④에 따라 어떻게 바꿀 수 있을지 생각해 보자. 이야기가 조금 복잡해서 약간 생각이 필요할 수도 있다.

1) 점심은 보통 어디에서 드시나요?

전형적인 '평소에? 질문'이다. 복잡하게 생각할 필요는 없다. 일단은 '일시를 특정'하고 '과거형으로 묻는다.'라는 공통 요건에 근거해서 질문을 만들어 보자. 점심시간 이후의 시간대에 질문하는 것이라면 "오늘 점심은 어디에서 드셨나요?"라고 하면 된다. 파란색으로 표시된 부분은 과거형이다. 또한 아직 점심시간

이전일 경우는 "어제 점심은 어디에서 드셨나요?"라고 질문하면 된다. 그리고 이어서 "그전에는요?", "그전에는요?"와 같은 식으로 3~4일 정도를 질문하면 대략적인 경향이 떠오를 것이다.

그러는 사이 상대가 이것저것 기억해 내서 "그러고 보니 나흘 연속 외식을 했네요. 게다가 패스트푸드를 두 번이나 먹었고요. 예전에는 가끔 도시락을 싸 왔는데……." 같은 말을 시작했다면 화제를 옮겨서 '도시락'에 관해 질문하는 것이 정석이다. 그때는 "가장 최근에 도시락을 싸 왔던 건 언제였는지 기억하시나요?", "어떤 도시락이었나요?(도시락의 내용물 등을 묻는다)" 등을 질문하면 된다.

그런 식으로 대화가 진행되지 않는 경우에는 "그 가게에서 무엇을 드셨나요?"라든가 "그곳에는 어떻게 가셨나요?", "누구와 함께 가셨나요?" 같은 질문이 좋다. 질문하는 사이에 다른 질문이 떠오르기 시작할 것이다. 질문만 적절하다면 점심 메뉴 한 가지로도 상대에 관해 많은 것을 알 수 있다.

2) 평소에 병에 걸리면 어떤 병원에 가시나요?

'병에 걸린다.'라는 표현은 가정형으로, 시제가 명확하지 않다. 사실 질문으로 만들려면 먼저 과거형으로 바꿔 보자. 즉 "당신이 병에 걸렸던 건~."으로 바꾸는 것이다. 그러면 '평소에'가 아니라

'언제'라고 질문할 수 있기 때문에 '언제? 질문'이 가능해진다.

병원에 간 것이 딱 한 번이 아닐 수 있고, 먼 과거의 일이라면 기억나지 않을 가능성도 있다. 그러므로 '가장 최근'이라고 특정해서 묻는 것이 효과적이다. 이렇게 해서 "가장 최근에 병에 걸렸던 건 언제였나요?"라는 사실 질문으로 바꾸는 데 성공했다. 이 질문은 상대도 대답하기 쉬울 것이다.

상대가 대답해 준다면 다음에는 "어떤 병이었나요?", "어느 병원에 가셨나요?", "어떤 치료를 받으셨나요?"처럼 구체적인 질문을 이어 간다. 그런 다음 "그전에는요?", "그전에는요?"라고 물어보면 일련의 행동이 손에 잡히듯 드러날 것이다. 기억이 다소 모호할 수는 있어도 극단적인 선입견이 개입할 여지는 거의 없다.

3) 다른 사람들은 뭐라고 하나?(직장에서 회의할 때)

이것도 일단 과거형으로 바꾼다. 그런 다음 구체적인 인물을 주어로 삼아 "○○ 씨는 뭐라고 말했나?"라고 묻는다. 공식에 따르면 이렇게 되지만, 갑자기 고유 명사를 언급하며 묻는 것은 갑작스러울 수 있어서 상대를 당황시킬지도 모른다. 그러니 상대의 입에서 고유 명사가 나오도록 유도하는 것이 좋다.

일단 "그 결정에 반대 의견을 말한 사람이 있었나?" 정도로 물어본다. 과거형이고 '네/아니요'로 대답할 수 있는 질문을 하면 상대도 쉽게 대답할 수 있다. "네."라는 대답이었다면 조금 더 깊이 들어가서 "몇 명 정도였나?"라고 묻고, 상대가 대답하는 데 크게 부담을 느끼지 않는 것 같다면 "누가 반대 의견을 내놓았나? 괜찮다면 가르쳐 줘."라고 하면 된다. 그래서 이름이 나오면 그중 한 명을 골라 "○○ 씨는 구체적으로 뭐라고 말하면서 반대했나?"와 같이 질문을 이어 가면 된다.

이런 식으로 질문하려면 사실 질문을 계속하기 위한 기술이 약간 필요하다. 이에 관해서는 다음 장에서 자세히 소개하겠다.

4) 이 가게의 손님은 어떤 사람이 많은가요?(장어 요리집 점주에게)

"손님", "어떤 사람", "많은" 등 일반적인 모호한 말이 이어져서 어떻게 바꿔야 할지 감이 잡히지 않을지 모른다. 이럴 때는 어렵게 생각하지 말고 일단 과거형으로 만드는 것부터 시작하자. 그러면 어떤 질문이 가능해질까?

가게에 오는 손님에 관해 알고 싶다면 먼저 "손님이 왔다."라는 과거형 문장을 만들어 보자. 그러면 "손님이 왔습니까?"라는 질문이 가능하다는 걸 알 수 있다. 하지만 이대로 질문하는 것은 아무 의미가 없다. 예를 들어 "손님이 몇 명 왔습니까?"라는 질문이 떠오를 수 있지만, 이 또한 시간이 한정되어 있지 않다. 따라서 '이번 주는, 이번 달은, 혹은 오늘은'처럼 시간을 특정하는 말을 추가하면 사실 질문이 완성된다.

영업 종료 직전이라면 "오늘은 손님이 몇 명 정도 왔는지 기억하시나요?"라고 가볍게 물어도 좋다. 이때 점주가 "오늘은 많이 오셨어요. 서른 분 정도?"라고 대답했다면 막연했던 '손님'을 '오늘 온 30명 정도의 손님'으로 한정할 수 있다. 그러면 "남자 손님과 여자 손님의 비율은 어땠나요?"라든가 "고령자는 몇 분 정도였나요?", 혹은 "회사원으로 보이는 손님은 대략 몇 퍼센트 정도였나요?", "장어 이외의 메뉴를 주문한 손님도 있었나요?" 같은 당신의 관심사에 맞춘 질문을 할 수 있다.

점주와 허물없는 사이라면 "그중에서 6만 원짜리 특장어덮밥을 주문한 사람은 몇 명이나 있었나요?"처럼 조금 속물적인 질문을 해 봐도 재미있을 것이다. 참고로 내 친구가 실제로 그런 질문을 한 적이 있었는데, 그때는 "꽤 계셨지요. 다섯 분 정도가 주문해 주셨습니다."라는 대답이 돌아왔다고 한다. 친구는 처음부터 어떤 목적이 있어서 질문했던 것이 아니라 재미로 질문하다 보니 그런 흐름이 되었다고 한다. 이처럼 잡담의 연장이라고 하더라도 사실 질문을 이어 가기 위한 기술을 구사한다면 재미있는 이야기를 들을 수도 있다.

[기본 공식 ⑤]

다음에 할 질문이 생각나지 않는다면 "그밖에는?" 하고 묻는다

사실 질문 중 조금 특수한 형태를 띤 것이 있다. 바로 '그밖에는? 질문'이다. '그밖에는? 질문'은 엄밀히 말하면 선입견 질문을 바꿀 때 사용하는 질문은 아니지만, 선입견 질문을 하게 될지 모르는 수많은 상황에서 대신 사용할 수 있는 유용한 사실 질문이다. 이미 눈치챈 사람도 있을지 모르겠지만, 지금까지 소개한 대화의 사례에서도 '그밖에는? 질문'을 사용한 적이 있다. A의 이직에 관한 대화(63쪽)에서다. 다시 한번 살펴보자.

> C 지금 다니고 있는 곳에 언제 취직했어?
> A 대학을 나와서 곧바로.
> C 그때 몇 곳에 입사 지원을 했는지 기억해?
> A 네 곳이었어.
> C 그중에서 제일 먼저 합격 통지가 온 곳은 어디였어?
> A 지금 다니고 있는 어학원을 운영하는 회사야.
> C 입사 지원을 했던 다른 회사도 영어와 관련된 일을 하는 곳이었어?
> A 한 곳은 조금 관련이 있었는데, 그러고 보니 다른 두 곳은 전혀 관련이 없는 곳이었네.

> C 그렇다면 지금 다니고 있는 회사에 다니기로 결심한 계기는 뭐였어?
> A (잠시 생각에 잠긴다) 생각해 보니까 영어와 관련이 있느냐 없느냐보다 그냥 제일 먼저 합격 통지를 받아서 지금 회사로 결정한 거였어.
> C 지금 이직하려는 회사도 영어와 관련된 일을 하는 곳이야?
> A 아직 정해 놓은 곳은 없는데, 굳이 영어와 관련이 있는 곳인지 집착할 필요는 없을 것 같아. 내가 정말로 하고 싶은 일이 뭔지 좀 더 생각하면서 이직할 곳을 폭넓게 찾아봐야겠어!

파란색으로 강조한 부분의 질문이 '그밖에는? 질문'이다. 이 대화에서는 이 질문이 유일하게 어려운 포인트다. 기본 공식 ⑤를 몰랐다면 여기까지 질문을 이어 가기는 어려웠을 것이다.

다른 대화의 사례에서는, "혹시 C 씨가 다른 사람한테도 똑같이 화내는 걸 본 적 있어?"(16쪽)가 '그밖에는? 질문'에 해당한다.

이 사실 질문은 "그밖에는?"을 거듭하는 질문이다. "그전에는?(어제는?)", "그전에는(그제는?)" 하는 식으로 '언제? 질문'을 이어 가는 것과 기본 방식은 같다. 일단 '그밖에는? 질문'이라고 부르도록 하자.

'그밖에는? 질문'의 효과는 대상으로부터 일단 멀어진다는 점에 있다. 지금까지의 질문은 기본적으로 시간 축(언제)에 따라 깊이 파고드는 질문이었지만, '그밖에는? 질문'은 일단 현재의 대화 주제로부터 멀어져 유사한 것을 기억해 내는 길을 자연스럽게 제안하는, '공간 축'에 기반을 둔 질문이다. 요컨대 시야를 넓혀 보면 어떻겠는지 제안할 수 있는 질문이다.

시간 축에 따라 직선적으로 질문하다가 벽에 부딪혔다는 느낌이 들면 일단 시간 축에서 벗어나 공간을 의식하면서 질문을 만들어 보는 것이 '그밖에는? 질문'이다. '그밖에는? 질문'의 발상을 정리하면 다음 그림과 같으니 참고하기 바란다.

공간을 축으로 삼는 '그밖에는? 질문'

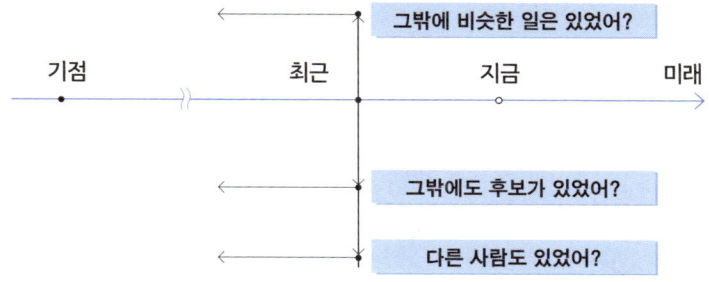

'그밖에는? 질문'으로 사실의 시야를 넓힌다

'그밖에는? 질문' 중에서도 "그밖에 비슷한 일은 있었어?"라는 질문은 특히 시야를 넓히기 쉬운 추천 질문이다. 불투명 유리 안쪽에서 선입견 질문만 하는 사람 대부분은 자신의 생각을 본래보다 더 좁힌 것처럼 보인다. 그러므로 '그밖에는? 질문'으로 시야를 넓히고 나아가 그것을 기반으로 질문을 이어 가면 놀라울 만큼 깔끔하게 선입견의 불투명 유리에서 빠져나올 수 있다.

'그밖에는? 질문'은 예를 들어 다음 사례처럼 시야를 넓힐 수 있다. 전부 자신도 모르게 "왜?"라고 묻고 싶어지는 상황이다. 만약 질문이 떠오르지 않는다면 일단 "그밖에는?" 하고 말한다는 정도의 마음가짐이면 충분하다.

> "학창 시절에는 금융업계를 중심으로 구직 활동을 했습니다."
> → 그밖에 관심 있게 지켜봤던 업계가 있나요?
>
> "플랜 B를 채택하게 되었습니다."
> → 그밖에는 어떤 플랜이 있었나요?
>
> "이 책을 굉장히 좋아합니다."
> → 그밖에 추천하는 책이 있나요?

> "남자 친구와 헤어지는 편이 나으려나……."
> → 다른 사람과 사귈 생각을 한 적 있어?

'그밖에는? 질문'을 통해 새로운 사실이 드러났다면 '언제'라든가 '무엇', '어디', '누구'를 질문하면서 그 사실에 관해 더욱 깊이 파고들어도 좋다. 이렇게 하면 시간·공간 양쪽에서 빈틈없이 사실을 확인할 수 있을 것이다.

'과거형', '시간·주어'를 일단 의식하자

어떻게 질문해야 할지 모르겠다면 "언제?"라고 물어본다는 것 이외의 요령을 다시 한번 정리해 보자.

> **'언제? 질문' 이외의 요령**
>
> ### 사실 질문을 만드는 방법
>
> **① 시제를 과거형이나 현재 진행형으로 바꾼다**
> "합니까?"가 아니라 "했습니까?", "지금 ~하고 있습니까?"라고 묻는다.
>
> **② 시간·주어를 지정한다**
> "보통은?"이 아니라 "오늘은?", "가장 최근에는?"으로 바꾼다.
> "귀사의 분들은"이 아니라 "당신은?", "○○ 씨는?"으로 바꾼다.

특히 사용하기 편한 방법은 일단 '과거형으로 바꿔 보는' 것이다. 일단 과거형으로 만든 다음 '무엇이, 언제, 어디에서, 누구(가, 에게, 와)' 중에서 '가장 질문하기 좋고 다음 대화로 연결하기 쉬운 것'을 이어 가면 된다.

사례 중에 언뜻 어렵게 보이는 것도 있겠지만, 앞의 공식을 사용하면 그렇게 어렵지 않다는 것을 이해했을 것으로 생각한다. 다만 실제 상황에서는 이 공식들을 순간적으로 적용해야 해서 맹연습까지는 아니더라도 조금 연습이 필요할지도 모른다.

실제로 해 보면 자신도 모르게 "어째서?"라고 물어본 뒤에 아차 하는 경우도 생길 수 있지만, 처음에는 누구나 그러기 마련이다. 다음 기회에는 반드시 제대로 질문하겠다고 가볍게 다짐하면서 계속 나아가면 된다. 그렇게 서서히 자신의 질문을 의식할 수 있게 되면 '왜? 질문'뿐만 아니라 다른 선입견 질문도 의식할 수 있게 될 것이다.

다음 장에서는 이 공식을 연습할 때 효과적인 기술과 발상에 대해 소개하겠다.

유용한 실전 기술

'선입견 질문'을 받았을 때의 대처법

직장 동료와 얼굴을 마주한 순간 "리더십 연수, 어땠어?"라고 질문을 받았다고 가정하자. 상대가 선입견 질문으로 선수를 쳤다면 어떻게 대답해야 할까?

상대는 사실 질문법에 관해 알지 못할 테니, 평정심을 유지하면서 일단 "그냥 그랬어."라든가 "좋았어."라고 평범하게 대응하면 된다. 그것이 인사를 겸한 '어때? 질문'이었다면 그 이야기는 그것으로 끝내고 다음 화제로 넘어가면 된다. 공중전과 지상전이라는 관점에서 보면 '상대의 선입견 질문을 무리하게 지상으로 끌어내리려 하지 말고 받아 흘리면 된다.'라고 판단했을 경우의 대응이다.

그런데 상대가 질문하는 방법을 모를 뿐 연수에 관심이 많아서 그런 질문을 했다고 판단되는 경우에는 어떻게 해야 할까? 다시 말해 지상으로 끌어내려서 착실하게 대화할 필요가 있다고 판단했을 경우의 대응이다. 그럴 때는 어떻게 이야기를 이어 가야 할까?

이 경우도 사용하는 공식은 똑같다. 먼저 리더십 연수를 주제로 과거형 사실 질문을 만들어 보자. 이때의 출발점은 당신이 그 연수에 참가했다는 것을 상대가 알고 있다는 사실이다. 따라서 그 사실에 관한 질문을 만들 수 있다. 가장 단순한 질문은 "어디에서 내가 그 연수를 가게 됐는지 알게 되었어?"일 것이다. 혹은 조금 더 나아가 "너도 그 안내 책자를 읽었구나. 그렇다면 어떤 부분이 흥미로웠어?"라고 물을 수도 있다. 즉 사실 질문을 끼워 넣는 형태로 상대의 지식이나 경험을 확인하면서 설명해 가는 것이다. 반대로 안내 책자를 꼼꼼히 읽지 않았다는 것을 알았다면 적당히 보고하는 것만으로도 충분하다.

동료나 선배에게 힐문조의 '왜? 질문', 즉 "어째서 ○○하지 않은 거야?"라는 질문을 받았을 때도 마찬가지다. 그럴 때는 가볍게 "글쎄요. 왜 그런 걸까요? 저도 잘 모르겠습니다.", "너는 왜라고 생각해?"처럼 얼버무리면서 상대가 그 일을 얼마나 진지하게 생각하는지 살펴봐도 좋다. 상대가 윗사람이라 농담조로 말하는 게 실례가 된다면 "○○이어서라고 생각합니다만, 이렇게 말씀드리면 변명일까요?" 혹은 "제 선입견에 불과할까요?"라고 물으며 정면 돌파를 꾀하는 방법도 있다.

3장

'사실 질문'을 어떻게 이어 갈까?

— 시작하는 방법부터 끝내는 방법까지 —

흐름을 만들면서 대화를 진행하려면 사실 질문으로 바꾸는 기술만으로는 충분하지 않다. 사실 질문을 만들어도 그것을 이어 가지 못하면 대화가 계속되지 못하기 때문이다. 사실 질문으로 대화를 진행하려면 그저 바꾸는 데 그치지 않고 어떤 방향을 향해 사실 질문을 만들고 그것을 어떻게 이어 가느냐에 관한 발상과 기술이 필요하다. 그것을 정리해 체계화한 것이 사실 질문법이다.

STEP 1
처음에는 어떤 질문으로 시작하든 상관없다

일단은 이야기를 시작하자

먼저, 항상 사실 질문만 해야 한다는 강박관념을 버리는 것이 중요하다. 다시 말해, 처음에는 **어떤 질문으로 시작하든 상관없다.**

이론상으로는 공식을 따르기만 하면 계속 질문을 이어 갈 수 있다. 그러나 실제로 대화를 해 보면 서너 가지 정도는 어떻게든 사실 질문을 이어 갈 수 있지만 그 뒤에는 무엇을 질문해야 할지 알 수 없어서 사면초가에 빠지는 경우도 있다. 이 연습을 처음 하는 모든 사람이 반드시 부딪히는 벽이다.

그럴 때는 다음에 무슨 말을 해야 할지 몰라 입을 다무는 것보다 뭐라도 좋으니 말하는 편이 차라리 낫다. 사실 질문을 이어

가야 한다고 너무 신경을 쓰는 것이 가장 좋지 않다.

좋은 사실 질문이 떠오르지 않는다면 "그거 다행이네.", "힘들었겠다."처럼 맞장구를 치거나 "어떤 음식을 좋아하시나요?" 같은 기분이나 생각을 묻는 선입견 질문을 해도 큰 문제는 없다. 다만 "매운 음식을 좋아합니다."라는 대답에 "어째서 그런가요?" 같은 좋지 않은 유형의 선입견 질문을 한다면 지금까지 대화를 위해 기울였던 노력 전부가 허사로 돌아가니 주의해야 한다.

이때는 선입견 질문을 하나 했으면 다음에는 사실 질문을 하도록 의식하는 것이 중요하다. 예를 들어 "언제부터 매운 음식을 좋아하게 되었는지 기억하시나요?"라고 '언제? 질문'을 사용해서 물었다면 "어렸을 때는 안 좋아했는데, 언제부터 좋아하게 된 것 같아요."처럼 이어질지도 모른다.

이처럼 '언제? 질문'을 사용하면 사람들은 '기억을 떠올리는' 모드로 들어간다. 그러는 사이 잊고 있었던 무엇인가를 기억해 내고 그것을 이야기하기 시작한다. 어쩌면 지금의 식습관으로 이어지게 된 중요한 사건이나 원인을 떠올릴지도 모른다. 그러니 선입견 질문이나 일반적인 질문을 하나 했다면 그 대답에서 다음 질문의 소재를 찾아내서 최대한 사실 질문을 하도록 노력하자.

상대의 좋은 부분을 찾아내서 묻기 시작한다

특별한 주제가 없을 때 이야기를 시작하는 가장 무난한 방법은 상대의 소지품에서 하나를 찾아내 "이것은 뭔가요?"라고 묻는 것이다. 물론 누가 봐도 안경이라는 것을 알 수 있는데 무엇이냐고 묻는 것은 부자연스럽기 짝이 없는 행동이다. 실제로는 "근시용 안경인가요?"라든가 시계라면 "스마트워치인가요?"와 같이 조금 더 특정해서 질문하는 편이 좋다.

이 경우, 당신이 질문받는 쪽이라면 좋아하는 물건과 그렇지 않은 물건 중 어느 쪽을 질문받았을 때 더 적극적으로 대답할까? 물론 좋아하는 물건일 것이다. 이처럼 처음에는 질문받았을 때 기분이 좋을 것 같은 물건을 찾아내서 그에 관한 사실 질문을 하는 것으로 시작하는 것이 좋다. 그러려면 먼저 상대를 잘 관찰할 필요가 있다. 상대의 복장이나 소지품, 상대의 사무실에 갔을 때는 가구나 인테리어에 대해 질문할 거리를 찾으면 된다. 특히 전에 봤을 때와 달라진 부분이나 처음 보는 물건을 발견했다면 그것이 바로 사실 질문을 시작하기 위한 출발점이 될 수 있다. 혹시 지금 당신이 소지한 물건이나 입고 있는 복장 중에서 '이것에 관해 물어보면 기분 좋을' 만한 것이 있다면 그것에 대해 어떤 질문을 할 수 있을지 생각해 보기 바란다. 아마도 좋은 연습이 될 것이다.

　달라진 부분을 찾는다고 하면 "머리 잘랐어?" 같은 질문이 먼저 떠오를 수 있다. 하지만 본인이 마음에 들어 하는지 어떤지 알 수 없기 때문에 정말로 멋지다고 생각했을 때가 아니라면 칭찬하지 않는 편이 좋다. 다만 자신이 정말로 멋지다고 생각했거나 진심으로 관심이 있는 경우에는 반응에 너무 신경 쓰지 말고 그것에 관해 묻는 것이 가장 자연스러울지도 모른다. 생각보다 상대의 반응이 미지근할 수도 있지만, 그 질문을 받았다고 해서 정말로 기분이 상하는 일은 거의 없다. 그때의 대답을 확실히 받아들이고 나서 다음 질문을 하면 된다.
　가령 "안경 바꾸셨군요. 잘 어울리네요."라고 말했는데 상대가 "그런가요?"라는 한마디만 했다고 가정하자. 상대의 표정을 보니 그것에 대해 계속 질문해도 의미가 없다는 판단이 든다면 그 화제에 집착하지 말고 다른 화제를 찾는 것이 좋다.

　참고로, 다른 화제를 찾을 때는 "우리가 마지막으로 만났던 게 언제였나요?"라고 슬쩍 물어보는 방법이 편하다. 상대가 "지난달이었습니다."라고 대답하면 이쪽은 "그러고 보니 그때 마셨던 차이 티가 참 맛있었던 기억이 나네요. 그때 차이 티를 처음 마셔본다고 말씀하셨는데, 그 뒤에 또 마신 적 있으신가요? 저는 지난주에 인도 요리점에서 마셨어요."라는 식으로 기억을 거슬러 올라가서 새롭게 대화를 시작하면 된다.

STEP 2
상대의 대답에 맞춰 다음 질문을 이어 간다

지금까지 소개한 사실 질문법은 이쪽에서 이야기를 시작하고 질문을 이어 간다는 전제에서 설계된 것이라 단순한 질문 기술처럼 생각하기 쉽다. 실제로 그렇게 이해하는 사람도 많은 것 같다. 그러나 사실 그 본질은 질문하면서 상대의 이야기를 듣는 것에 있다. 상대의 이야기를 잘 듣지 않으면 다음에 무엇을 질문해야 할지 알 수 없기 때문이다.

특히 처음에는 다음 질문을 생각해 내려고 열중한 나머지 이쪽 질문에 대한 상대의 대답을 제대로 듣지 않을 때가 많다. 상대의 대답을 유심히 듣고 그 대답에 근거해서 다음 질문을 생각하는 과정을 지키는 것이 사실 질문법의 철칙이며, 사실 질문법의 의의와 본질도 여기에 있다.

사실 질문은 듣는 기술과 경청 기술 위에서 성립한다. 상대의 이야기를 유심히 듣는 자세가 전해지면 서서히 심리적 거리가 좁혀져 상대도 마음을 열게 된다. 사실 질문의 진가는 바로 여기에 있다.

이야기를 유심히 들으면
다음 질문이 보인다

사실 질문을 이어 갈 때 가장 기본이 되는 것은 앞에서 이야기했듯이 '상대의 대답을 유심히 듣고 그 대답을 이어 가는 형태로 질문하는' 것이다. 즉 상대의 대답 속에서 다음 질문의 소재를 찾아내는 방법이다. 이리저리 궁리할 필요는 없으며, 상대의 대답을 유심히 듣기만 해도 어떻게든 다음 질문을 찾아낼 수 있다. 이것이 사실 질문을 이어 갈 때의 대원칙이다.

단순한 예로는 다음과 같은 것이 있다.

> A 오늘 아침에 쓰레기를 내놓으셨나요?
> B 네.
> A 어떤 쓰레기였나요?
> B 플라스틱 같은 재활용 쓰레기였습니다.
> A 어디에 내놓으셨나요?(혹은 누가 내놓았나요?)

다음 사례도 그다지 복잡하지 않다. "최근에 숙제를 종종 깜빡한다."라고 말하는 중학생 아들과의 대화다.

> **아빠지** 가장 최근에 깜빡했던 건 언제였니?
> **아들** 저번 주였어요. 깜빡하는 바람에 선생님한테 혼났어요.
> **아빠지** 그전에 깜빡했던 건 언제였니?
> **아들** 1개월 전이었던가? 그때도 선생님한테 주의를 받았어요.
> **아빠지** 그렇다면 그전에는?
> **아들** 그전에는……. 숙제를 잊어버린 적이 없는지도 모르겠어요. 전혀 기억이 안 나요.

여기에서는 단순히 "그전에는?", "그전에는?" 하고 질문을 계속했을 뿐이다. 기본 공식 ①의 "'왜?'라고 묻고 싶어지면 '언제?'라고 묻는다."를 그대로 따라서 질문했을 뿐 복잡한 기술은 전혀 사용하지 않았다.

이렇게 같은 질문을 반복하는 것은 경험상 3번 정도가 한계지만, 중요한 사실이 차례차례 밝혀지는 경우에는 상대 반응을 살피면서 조금 더 계속해도 괜찮다.

반복된 질문을 통해서 사실을 연쇄적으로 끌어낸다

예를 들어 122쪽의 '3) 다른 사람들은 뭐라고 하나?(직장에서 회의할 때)'에서 대화가 더 이어지는 상황을 생각해 보자. 일반적인 질문을 사실 질문으로 바꿀 때는 상대의 입에서 고유 명사가 나오도록 유도할 필요가 있었다.

> **당신** 누군가 그것에 반대 의견을 말한 사람이 있었나?
> **부하** 네.
> **당신** 있었군(혹시 모르니 확인한다).
> **부하** 있었습니다.
> **당신** 몇 명 정도였나?
> **부하** 다섯 명 정도 되었습니다.
> **당신** 괜찮다면 그 사람들 이름을 가르쳐 줄 수 있을까?
> **부하** C 씨와 D 씨, E 씨는 기억납니다.
> **당신** D 씨는 구체적으로 뭐라고 말하면서 반대 의사를 표명했나?
> **부하** 계획에 이해하기 어려운 부분이 있다는 식으로 말씀하셨습니다.
> **당신** 그렇다면 E 씨는 뭐라고 했나?
> **부하** 좀 더 일찍 알려 달라고 말씀하셨을 뿐, 계획 자체에 반대한다는 명확한 말씀은 없었습니다.

이런 식으로 질문을 계속한다. 이것도 기본적으로는 이전 질문의 대답에 근거해서 연쇄적으로 질문을 이어 간 것이다.

이 사례처럼 약간 민감한 화제에 관해 깊이 파고들 때는 자연스러운 흐름을 만들면서 단계적으로 질문할 필요가 있다. 이런 연쇄 질문 방식은 이를 위한 테크닉으로 매우 효과적이다.

상대방 입장에서는 자연스러운 흐름 속에서 자신도 모르게 말해 버렸다는 느낌이 들지도 모르지만, 쓴웃음을 지을지언정 반감을 느끼지는 않는다. 그 흐름을 타고 이야기한 사람은 바로 자신이기 때문이다.

대답을 근거로 질문을 이어 가면 신뢰가 깊어진다

이처럼 연쇄 질문 방식은 질문을 이어 가기 쉽고 대화의 흐름을 만들기 쉽다는 이점이 있다. 동시에 대답하는 쪽에도 자연스러운 느낌을 줄 수 있다.

오랜만에 친구와 만나 잡담을 나누기 시작했다고 가정하자.

상황 7-1

F 어제 일요일에는 쉬었어?

G 응. 토요일에는 출근했지만.

F 어제는 뭘 했어?

G 오전에 러닝을 조금 했어.

F 와, 대단하네. 저녁에는 뭘 먹었어?

G 장을 보러 가기 귀찮아서 냉장고에 있는 걸 대충 데워서 먹었어.

F 그랬구나. 나는 근처 카페에 혼자 가서 가볍게 때웠어. 다음 휴일에 같이 점심 먹지 않을래? 가고 싶은 가게가 있거든.

흔한 패턴의 대화다.

그렇다면 다음 패턴은 어떨까? 역시 같은 상황이다.

상황 7-2

F 어제 일요일에는 쉬었어?

G 응. 토요일에는 출근했지만.

F 어제는 뭘 했어?

G 오전에 러닝을 조금 했어.

F 와, 대단해! 얼마나 달렸어?

G 대단하긴. 20분 정도밖에 안 뛰었어. 이제 막 러닝을 시작했을 뿐이라 그렇게 오래는 못 달려.

F 언제부터 시작한 거야?
G 2주 전부터. 일주일에 세 번 정도 러닝할 결심을 했거든.
F 지금도 계속하고 있어?
G 응, 그럭저럭.
F 뭔가 러닝을 하자고 결심한 계기가 있었어?
G 딱히 큰 계기는 없었지만, 얼마 전부터 몸도 마음도 개운하지가 않더라고. 그 이야기를 했더니 직장 동료가 "러닝하면 몸과 마음이 모두 개운해져요. 아주 조금씩이라도 좋으니까 계속해 보세요. 일단 한 달 동안 계속하는 것을 목표로 삼으면 어때요?"라고 권하더라. 그래서 해 보기로 한 거야.
F 2주 정도 계속하니까 뭔가 달라진 게 있어?
G 응, 약간이지만. 특히 어제 같은 휴일 아침에는 '오늘은 뭘 하지? 쇼핑이라도 하러 갈까? 하지만 딱히 갖고 싶은 것도 없고…….' 하며 고민할 때가 많았는데, 지금은 일단 러닝하러 나가면 되니까 고민할 일이 없어졌어. 러닝을 마치면 상쾌하기도 하고. 효과라고 말할 정도는 아니지만, 당분간 계속해 볼까 해.
F 쉬는 날 말고 일하는 날에는 언제 러닝을 해?
G 솔직히 말하면 그때그때 달라. 일찍 일어나서 달리려고 생각은 하지만 그럴 수 없는 날도 있어서, 일찍 귀가한 날에는 저녁 식사 전에 근처를 잠깐 달리기도 해.
F 너 진짜 대단하다! 나도 운동 좀 해야겠네. 있잖아, 다음 휴일에 같이 점심 먹으면서 좀 더 이야기해 주지 않을래?

이런 식으로 대화가 진행된 경우와 비교해 보기 바란다. 상황 7-2의 경우, 대화가 점점 화기애애해진 것을 알 수 있다. 틀림없이 다음 휴일에 점심을 먹으면서도 즐겁게 대화할 수 있을 것이다.

질문을 연결한다는 관점에서 두 패턴을 비교해 보자. 상황 7-1의 경우 상대의 대답에 근거를 두지 않은 부분(상대의 대답을 근거로 다음 질문을 하지 않은 부분)이 있다. "와, 대단하네. 저녁에는 뭘 먹었어?"라는 질문이다. 기껏 상대가 "오전에 러닝을 조금 했어."라고 대답했는데 그 화제를 건너뛰고 자신이 묻고 싶은 식사로 화제를 바꾼 것이다. 당신이 질문받는 쪽이었다면 이때 어떤 느낌을 받았을까? 기분이 상할 정도까지는 아니더라도 '러닝에 관해서는 안 물어보네.'라고 느껴서 조금 서운하지 않았을까?

질문하는 쪽이 자신의 입맛에 맞춰 화제를 제멋대로 바꿨다는 인상을 받으면 양쪽의 심리적인 거리는 확실히 멀어진다. 한 번뿐이라면 심하게 멀어지지 않을지도 모르지만, 이런 일이 거듭되면 결국 거리를 좁히기가 어려워지는 지경에 이를지도 모른다. 마음을 터놓고 이야기하는 분위기가 사라지는 것이다. 이야기의 흐름을 최대한 존중하면서 ==상대의 대답을 근거로 다음 질문을 이어 가도록== 노력하며 양쪽의 거리를 서서히 좁히는 것이 중요하다.

그런 관점에서 바라봤을 때, 상황 7-2의 대화는 자연스럽고 좋은 흐름이 만들어져서 서로가 마음을 터놓고 이야기하는 분위기가 만들어졌다. '상대의 대답을 근거로 다음 질문을 이어 간다.'라는 기본 STEP에 따라 질문한 효과라고 말할 수 있다.

STEP 3.
대화가 멈췄다면
분기점으로 돌아가 다시 시작한다

회복점을 준비해 놓는다

 한두 개가 아니라 어느 정도 많은 수의 사실 질문을 이어 가다 보면 질문이 막히는 문제에 부딪히게 된다. 이를테면 '최근에 기운 없어 보이는 친구에게 요즘 어떻게 사는지 묻기 시작했는데, 식사와 관련된 고민이 있는 듯 보여서 그 방향으로 화제를 옮겼다. 그런데 질문을 계속하다 보니 그다지 심각한 고민이 아니라는 걸 알게 되어 그 질문을 계속해도 의미 없다는 것을 깨달은 경우다.
 가벼운 근황을 나누거나 재미있는 일화를 공유하는 정도라면 몰라도, 본격적인 고민 상담이나 면담 등을 하는 경우에는 이런 문제를 극복하지 못하면 모처럼 시작한 대화가 진행되지 않을 수 있다. 이는 누구나 겪을 수 있는 일이므로 도중에 벽에 부딪

했을 때의 대책을 미리 마련해 놓는 것이 좋다. 우리는 이 대책을 "회복점으로 돌아간다."라고 부른다. 어떤 방향으로 이야기를 진행했는데 더는 진행이 안 되는 상황이 되었을 때를 대비해 '되돌아가서 재출발하기 위한 화제'를 대화 도중에 찾아내 기억해 두는 것이다. 다만, 재출발할 때도 상대의 대답에 근거해서 다음 질문을 이어 간다는 원칙을 최대한 따르는 것이 필요하다. 앞의 사례처럼 상대가 러닝에 관해 이야기했는데 저녁 식사 이야기로 건너뛰면 대화의 흐름이 끊어질 것이고, 무엇보다 상대가 자기 이야기를 들어주지 않는다는 느낌을 받을 것이다.

질문이 막힌다는 것은 할 질문이 없다는 뜻이므로 질문의 방향을 바꾸는 수밖에 없다. 그럴 경우 상대가 했던 대답을 기억해 내서 그것을 출발점으로 삼아 다시 질문을 시작해야 한다.

실제 사례를 살펴보자. H는 업무 관계로 만난 동년배 남성 I가 고급스러운 손목시계를 찬 것을 봤다. 손목시계에 관심이 많은 H는 먼저 그 이야기부터 시작하기로 했다.

> H 좋은 시계를 차고 계시네요. 어느 나라 브랜드인가요?
> I 스위스입니다.
> H 어떤 브랜드인가요?

> I (브랜드명)입니다.
> H 언제부터 사용하셨나요?
> I 대략 5년 전이네요.
> H 다른 스위스 브랜드 시계도 갖고 계신가요?
> I 아니요. 이것뿐입니다.
> H 어디에서 사셨나요?
> I 아, 산 게 아니라 형에게 선물로 받은 겁니다. 외국에서 사는 형인데, 잠시 귀국했을 때 선물로 주더군요. 두바이 공항에서 샀다고 들었습니다.
> H 호오, 외국에 사는 형님에게 선물받은 건가요? 부럽네요. 전부터 그 브랜드 시계를 갖고 싶다고 그 형님에게 이야기했었나요?
> I 아닙니다. 형이 자기 취향으로 고른 선물이었을 겁니다. 저는 시계에 관해 잘 모르거든요.

여기에서 질문이 막혔다. I와 손목시계 브랜드에 관해 더 이야기하는 것은 아무 의미가 없는 상황이다. H는 질문의 방향을 바꿔야 하는 처지에 몰린 것이다.

이럴 때 당신이라면 어떻게 질문을 이어 갈까?

정답이 있는 것은 아니지만, 예를 들면 다음과 같이 질문하면 된다.

> ㅐ 5년 전에 외국에 사는 형님에게 선물 받았다고 말씀하셨는데, I 씨는 당시에 무슨 일을 하셨나요?
>
> I 그때는 대학을 나와서 막 취직했을 무렵이었습니다.
>
> ㅐ 지금 다니시는 자동차 회사에 취직했었나요?
>
> I 네, 맞습니다. 아마도 형은 제 취직 기념 선물로 이 시계를 사 주었을 것입니다.
>
> ㅐ 선물받은 뒤로 그 손목시계를 차고 회사에 가셨나요?
>
> I 아닙니다. 쥐꼬리만 한 월급밖에 못 받는 신입사원이 이런 고급 시계를 차고 가면 사람들이 저를 부잣집 도련님으로 생각할지 모르기 때문에, 한동안 학창 시절에 찼던 평범한 국산 시계를 차고 갔습니다(웃음).
>
> ㅐ 하지만 오늘은 차고 오셨네요. 언제부터 차기 시작하셨나요?
>
> I 작년 봄부터입니다. 요즘은 보너스로 좋은 양복을 맞춰서 입고 다니는 동기도 있고, 작년에 해외 영업부로 옮겼을 때 부장님이 "얕보이지 않도록 몸가짐에 신경을 쓰는 게 좋아."라고 조언해 주기도 하셔서 차고 다니기로 했습니다.
>
> ㅐ 그 시계를 찬 뒤로 뭔가 달라진 것은 있었나요?
>
> I 네, 그러고 보니……

이런 식으로 대화를 진행하면 비즈니스와도 연관되는 재미있는 전개도 기대할 수 있을 듯하다.

여기에서 주목해야 할 것은 파란색으로 강조한 질문이다. "5년 전에 외국에 사는 형님에게 선물받았다고 말씀하셨는데……."로 시작되는 질문은 상대가 한 이야기를 근거로 질문을 이어 간다는 원칙에 따른 것이다. 화제를 바꾸는 경우에도 이처럼 조금만 궁리하면 상대에게 위화감을 주지 않고 자연스럽게 방향을 전환할 수 있다.

또한 자연스럽게 방향 전환을 할 수 있었던 데는 복선이 있었다. 그 복선은 "호오, 외국에 사는 형님에게 선물받은 건가요? 부럽네요."라고 말한 대목이다. 이는 상대가 한 말을 그대로 복창하는 **반복법**이라는 기법으로, 카운슬링의 기본 기술 중 하나이기도 하다.

H는 정말로 놀라서 그렇게 말한 것이었지만, 사실 또 다른 의도도 있었다. '5년 전', '외국에 사는 형님'이라는 키워드를 기억하기 위해 조금 호들갑스럽게 반응을 한 것이다. 그런 회복점을 설치해 놓으면 대화가 막히더라도 그 회복점으로 돌아가 다른 키워드로 다시 질문하기가 쉽다. H는 '여기가 이야기의 방향을 가르는 분기점이지 않을까?'라고 직감하고 의도적으로 소리 내어 말했던 것이다.

H는 '스위스 시계에 관한 이야기', '5년 전', '형님'이라는 복수의 키워드 중에 스위스 시계에 관한 이야기를 선택하고, 브랜드

에 관해 그대로 질문을 이어 갔지만, 곧 벽에 부딪히고 말았다. 그래서 그 분기점으로 돌아가 다른 키워드를 떠올리고 그중 '5년 전'을 선택해 다시 질문을 시작한 것이다.

이 경우에는 다른 선택지도 있었다. 즉 '외국에 사는 형님'에 관해서는 아직 사실 질문을 하지 않았다. 이 키워드를 선택했다면 다음과 같이 질문할 수도 있었을 것이다.

> H 그때 형님께서는 어느 나라에 사셨나요?
> I 남아프리카 공화국입니다.
> H 먼 곳이군요. 무슨 일을 하셨나요?
> I 희소 금속 채굴과 수입 관련된 일을 했습니다.
> H 어떤 희소 금속인가요?
> I 주로 리튬입니다. 들어 보신 적 있으신가요?
> H 네, 스마트폰 배터리에 사용되는 희소 금속이지요. 남아프리카에 리튬이 많이 매장되어 있나요?
> (대화가 계속된다)

이런 식이다. 실제로 해 보면 이 분기점을 그 자리에서 명확히 의식하고 기억하는 것이 쉽지 않기 때문에 너무 심각하게 생각할 필요는 없다. 분기점이다 싶으면 일단 소리 내서 말하거나 조금 호들갑스럽게 복창하자. 그러면 나중에 기억해 낼 때 도움이 된다. 반드시 유용할 거라는 보장은 없지만, 그렇게 의식하다 보면 높은 곳에서 넓은 시야로 바라보는 습관을 서서히 갖게 되는 효과도 있다.

여기에서 주의할 점이 한 가지 있다. 대부분은 앞의 사례처럼 "어디에서 사셨나요?"라고 물어보는데, 이 경우에는 구매한 것이 아니었다. 요컨대 그 질문은 이 시계는 구매한 물건이라는 선입견이 반영되었다. 실제 대화에서 이런 작은 엇갈림이 반복되면 대화의 질이 떨어질 수 있다. 만약 대본을 쓰면서 연습한다면 나중에 그런 점을 검토하면서 다시 읽어 보면 사실 질문을 이어 가는 요령이 더 잘 보일 것이다.

완충재 역할을 하는 질문인 "기억하십니까?"

다만 기억을 떠올리려고 노력해도 떠오르지 않을 만큼 오래전 일이거나 복잡한 사항, 특히 숫자에 관한 질문일 때는 "기억이 잘 안 나네요."라는 대답이 돌아오는 경우가 종종 있다. 그렇게까지 오래전 일이 아니더라도 저번 주 어딘가에 갔을 때의 택시 요금 같은 것은 좀처럼 기억이 잘 나지 않는 법이다. 한 달 전 오늘 먹었던 점심 메뉴 같은 것은 기억하는 것이 오히려 신기한 경우다.

기억하고 있는지 의심스럽지만 그래도 물어보고 싶은 질문을 할 때는 "기억하십니까? 혹시 기억하신다면 가르쳐 주십시오."처럼 상대를 배려하면서 질문할 필요가 있다. 안 그러면 상대가 적당히 지어내서 대답하는 바람에 오히려 혼란을 초래할 수 있기 때문이다.

기억하고 있는지 의심될 때는 "기억하십니까?"라는 한마디를 덧붙인다. 이것도 꼭 기억해 두기 바란다.

STEP 4
대답하기 쉬운 질문을 한다

경찰에게 조사받는
느낌을 주지 않으려면

이처럼 사실 질문을 통한 대화는 업무상 관계는 물론 친구나 가족, 직장 동료 같은 일상적인 인간관계에도 효과가 있다.

이와 관련해 종종 듣는 질문 중에 "사실만 계속 물어보면 마치 경찰에게 조사받는 느낌을 줘서 상대가 경계하지는 않을까요?"라고 하는 경우가 있다. 실제로 그런 상황이 되어서 난처했던 사람도 많은 듯하다.

이는 사실 질문이 벽에 부딪히는 전형적인 사례 중 하나다. 이 불안감을 극복하지 못하면 질문을 계속하는 것을 주저하게 된다.

'기억을 떠올리는 것만으로 정확히 대답할 수 있는 질문'을 한다

그 요령을 한마디로 정리하면, "상대가 대답하기 쉬운 질문을 한다."이다.

'대답하기 쉬운 질문'에는 크게 두 가지 의미가 있다.

첫째, 문자 그대로 대답을 간단히 찾아낼 수 있는, **'기억을 떠올리는 것만으로 대답할 수 있는 질문'**이다. 이것저것 궁리해서 대답을 찾을 필요 없이 조금 기억을 더듬는 것만으로 금방 대답할 수 있다면 큰 부담을 느끼지 않을 것이다(참고로, 그 정반대가 '어때? 질문'이나 '왜? 질문'이다. 궁리하지 않으면 대답할 수도 없고 상대의 의중도 헤아려야 해서 대답하기 어려운 귀찮은 질문이다).

두 번째 의미는 **'심리적으로 대답하기 편한 질문'**이다. 상대에게 불쾌한 기억을 되살리는 질문을 배려 없이 계속한다면 과연 상대가 마음을 열까? 아무리 사실 질문이라고 해도 반드시 대답하기 쉬운 질문이 아니라는 점을 명심해야 한다. 또 상대에게 '대답하기 어려운 질문'을 하면 모호하게 대답하거나 얼버무리기 때문에 다음 질문으로 이어 가기가 어려워진다.

'대답하기 어려운 질문'을
하지 않는 비결

그렇다면 어떻게 해야 그 질문이 상대에게 대답하기 쉬운 질문인지 아닌지 알 수 있을까? 그렇게 복잡한 방법은 필요 없다. '자신이 그 질문을 받는다면 곤란할지 어떨지 기억을 떠올리는' 방법을 통해 추측하면 된다. 상대의 처지에서 기억을 떠올린다는 것은 '나도 비슷한 경험을 한 적이 있지 않을까? 있다면 그런 질문을 받았을 때 나는 어떻게 느꼈을까?'와 같은 식으로 생각한다는 의미다.

여기에서도 제멋대로 '궁리하는' 것이 아니라 일단 사실을 구체적으로 '떠올리도록' 노력하는 것이 좋다. 그런 자신의 유사 경험을 바탕으로 상대의 기분을 추측하면서 질문을 만들어 가라는 말이다.

가령 상대가 핸드백을 바꿨을 때를 생각해 보자. "얼마에 샀어?"는 상대가 대답하기 쉬운 질문일까? 정가보다 싸게 샀다면 대답하기 쉬울까? 반대로 비싸게 샀다면? 양쪽 모두 대답하기 어렵다. 하지만 가격이 적당했다면 틀림없이 대답하기 쉬울 것이다.

이런 것들을 항상 그 자리에서 생각하면서 질문을 이어 가는 것이 쉬운 일은 아니다. 그러므로 실제로는 느낌상 대답하기 어려울 것 같은 질문은 가급적 피하고 단순한 질문을 이어 가는 것이 무난하다. '대답하지 못할 것'이라고 판단한 질문은 멈추는 습관을 들이기 바란다.

그러다 보면 '대답하기 어려울지도 모르지만, 꼭 물어봐야 하는' 질문이 떠오를 때도 있다. 그럴 때는 조금 뜸을 들이는 것처럼 숙고할 시간을 마련해서 질문을 생각하는 것을 권한다. 이것도 익숙함의 문제이니 연습만이 답이다.

사실 질문으로 상대의 자존감도 높인다

상대의 마음을 열기 위해 가장 중요한 일은 상대에게 최대한 경의를 표하는 것이다. 그러나 그 마음이 전해지도록 대화하지 못한다면 경의를 표하지 않은 것이나 마찬가지다.

나는 상대가 대답할 수 있는 간단한 사실 질문을 하는 것이 **경의를 표하기 위한 가장 좋은 방법**이라고 확신한다. 지금까지 무수한 경험을 통해 상대가 간단한 사실 질문에 대답하다가 자존감이 높아지면서 마음을 자연스럽게 여는 모습을 수없이 봤기 때문이다.

반대로 자존감이 낮아지면 상대는 좀처럼 마음을 열지 않는다. 게다가 더 큰 문제는 긍정적인 마음이 들지 않으면 문제에 대처하려는 의욕마저 잃는다는 점이다.

다만 이 자존감이라는 것은 굉장히 까다로운 감정이다. 얼핏 보면 '다른 사람에게 어떻게 보일까?'를 신경 쓰는 자존심과 비슷해 보이지만, 자존감은 '자신을 어떻게 바라보는가?'와 관련 있다는 점에서 시점이 다르다. 그래서 아무리 칭찬하고 치켜세워도 쉽게 오르지는 않는다.

반면에 사실 질문은 '기억을 떠올리는 것만으로 대답할 수 있다.'라는 특성상 바르고 정확하게 대답하기 쉬운 까닭에 상대도 계속 대답하면서 어느덧 자신감이 붙는다. 그리고 동시에 그런 질문을 해 주는 상대에 대한 신뢰감이 '무의식중에 커진다.'라는 것이 마음을 여는 이유라고 생각한다.

"상대의 자존감을 배려한다."라고 말하면 특별한 무언가를 해야 하는 것 아닌지 하는 생각이 들지도 모르지만, 그렇지 않다. 상대를 내려다보지 않고, 그렇다고 너무 자신을 낮추지도 않은 채로, 잔꾀를 부리지 않고 상대와 정면으로 마주하면 된다. 사실 질문은 그 자세를 표현하는 데 최적의 수단이다.

저자세의 사실 질문을 통해
단발성으로 개입한다

가령 당신이 앞에서 이야기했던 '공중전' 같은 대화를 접한다면 어떻게 대응해야 할까? "그건 선입견입니다."라고 너무 직설적으로 말하면 누군가의 자존심에 상처를 주는 결과로 이어질 수 있다. 따라서 상대의 자존감을 낮추지 않도록 배려하면서 질문하는 것이 매우 중요하다.

구체적으로는 "제가 좀 둔감해서 그 이야기가 잘 이해되지 않습니다. 구체적인 예를 들어주시면 감사하겠습니다." 혹은 "예전에 그런 일이 있었던 것 같기는 한데, 나이가 들어서 잘 기억이 안 나네요. 언제 있었던 일이지요?"처럼 최대한 저자세의 사실 질문을 통해 개입하는 것이 바람직하다. 이 경우 질문을 몇 개씩 이어 갈 필요는 없다. 단발성 질문이라도 충분하다.

단발성 개입의 감각을 익히면 시야가 단숨에 넓어질 수 있다. 게다가 단 한 번이라도 실천해 보면 풍경이 달라지는 경험을 얻을 수 있다. 초조해하지 말고, 호기 부리지 말고, 편한 마음으로 기회를 엿보면 언젠가 기회가 찾아올 것이다. 당장은 기회가 보이지 않거나 능숙하게 개입하지 못했다 하더라도 실망할 필요는 전혀 없다. 기회가 없었을 뿐이니 끈기 있게 다음 기회를 기다리면 된다.

느긋하고 끈기 있게 기다리는 것이 사실 질문법의 가장 중요한 자세다. 자신에 대해서도 그런 자세로 마주하는 연습부터 시작할 것을 권한다.

STEP 5
어떻게 끝낼지는 생각하지 않아도 된다

예상대로 진행되는 경우는 없다

지금까지 소개한 사례를 읽고 '정말 그렇게 대화가 원활히 진행될 수 있을까?'라는 의문을 느낀 사람도 있을 것이다. 혹은 자신도 그렇게 대화할 수 있게 된다면 좋겠다는 생각이 들었을지도 모른다.

다시 한번 말하지만, 그런 사례 대부분은 어쩌다 보니 대화가 잘 풀린 것이며 실제로는 그렇게까지 대화가 원활히 진행되지 않는 경우도 얼마든지 생긴다. 물론 사실 질문법의 기본을 어느 정도 마스터할 필요는 있지만, 어떤 결과가 나오느냐는 우연의 요소가 크다.

생각해 보면 이는 당연한 일이다. 상대의 입에서 어떤 이야기가 어떤 시점에 튀어나올지, 우리로서는 절대 알 수 없다. 예상한 대로 대화가 진행되어 예상했던 결과로 귀결될 때도 있지만, 갑자기 엉뚱한 이야기가 튀어나와 당황하는 경우도 적지 않다. 상대가 갑자기 비밀을 털어놓는 바람에 무슨 말을 해야 할지 몰라서 쩔쩔매는 경우도 생길 수 있다.

따라서 어떻게 질문을 끝내거나, 이야기를 마무리할지 구상한 다음에 이야기를 시작하는 것은 아무런 의미가 없다. 양쪽 모두 행복한 기분으로 끝낼 수 있었던 대화도, 문제에 관해 커다란 깨달음을 얻고 깔끔하게 끝난 대화도, '예단하지 않고 담담하게 단순한 사실 질문을 이어 갈 뿐'이라는 대원칙을 철저히 지키며 대화한 결과에 불과한 것이다.

담담하게 사실을 확인해 가자

우리가 할 수 있는 일은 자신의 질문을 모니터링하면서 선입견 질문을 피하고 한 가지라도 더 사실 질문을 할 수 있도록 연습을 거듭하는 것뿐이다. 고작 한두 개의 사실 질문이 대화를 바꾸는 결과를 부르는 경우도 있기 때문이다.

반면에 상대는 그저 자신의 이야기를 들어줬으면 하고 바랄 뿐인데 무리하게 분석을 시켜서 결론을 이끌어 내려다 오히려 신뢰를 잃는 경우도 많다(나 역시 아내에게 아직도 그런 실수를 저지를 때가 있다). 그저 자신의 이야기를 들어주기 바라는지, 아니면 어떤 조언을 해 주기를 바라는지 본인도 명확히 알지 못한 채로 이야기를 시작할 때가 많아서 처음부터 방향을 정하는 것은 거의 불가능하다. 너무 적극적으로 질문하지 말고 담담하게 상대 이야기를 듣기 시작하는 수밖에 없다.

다만 세무사나 의사, 목사, 전문 분야의 카운슬러나 컨설턴트 등 전문성과 풍부한 지식을 갖춘 사람은 잠시 이야기를 듣는 것만으로도 대화의 전체상을 그릴 수 있는 경우가 많다. 하지만 그런 경우라도 대화를 시작할 때는 "어떻게 끝낼지는 생각하지 않아도 된다."라는 격언을 명심하고 상대 이야기에 담담하게 귀 기울일 수 있는 사실 질문에 집중할 것을 강력하게 권한다.

자신의 '선입견'을 자각하는 연습

지금까지 사실 질문법에 관해 여러 이야기를 했는데, 전부 기억해 둘 필요는 없다. 실제로 대화할 때는 그것들을 일일이 떠올리면서 이야기할 여유가 없기 때문이다.

'사실 질문과 그렇지 않은 질문을 그 자리에서 구별할 수 있는' 동시에 '간단한 사실 질문이라면 몇 개 정도는 이어 갈 수 있는'

상태에서 실천할 때 명심해야 할 기술적 포인트는 다음 세 가지로 정리할 수 있다.

> **핵심 정리**
>
> ### 사실 질문의 기술적 포인트
>
> - 생각하게 하는 것이 아니라 기억을 떠올리게 하는 질문을 할 것
> - 상대의 대답을 근거로 다음 질문을 이어 갈 것
> - 상대에게 대답하기 쉬운 질문인지 아닌지 항상 자신에게 물어보면서 질문을 만들 것

이를 실천할 수 있다고 느끼면 보이는 풍경이 달라질 것이다.

다만 그때 먼저 필요한 것이 있다. "왜? 어째서?"라고 물으려는 자신을 깨닫는 것이다. 자신이 '선입견 질문'을 하고 있다는 것을 깨닫지 못하면 대화가 이어질 수 없다. 이는 사실 질문법뿐만 아니라 모든 의사소통 기술의 공통점으로, 무엇보다 먼저 자신의 행동을 객관적으로 관찰하는 자세를 갖추는 것이 중요하다.

유용한 실전 기술

항상 '사실 질문'을 할 필요는 없다

자신의 질문 방식을 끊임없이 의식하려면 긴장감을 유지해야 한다. 그러나 항상 긴장하고 있으면 정신적으로 지칠 수 있다. 그러므로 평소에 일상적인 대화를 할 때는 적당히 의식하는 편이 좋을지도 모른다. 특별한 목적 없이 그저 수다만 즐길 뿐이라면 마음껏 선입견 질문을 하거나 근거 없는 의견을 늘어놓는 것도 나쁘지 않다.

그러다 무언가 영감이 떠올랐거나 이대로 공중전을 계속해서는 안 되겠다고 느꼈을 때는 머릿속 스위치를 '선입견 질문 모드'에서 '사실 질문 모드'로 전환하고 대화에 임하면 된다. 그렇다면 어떤 시점에 전환해야 할까? 이에 관해 딱히 기준 같은 것은 없지만, 공중전이 지겨워졌을 때가 그 타이밍일 것이다. 상대가 제기했던 문제나 고민이 생각했던 것보다 심각한 것으로 판명되었다면 그때는 반드시 모드를 전환할 필요가 있다.

나는 아무도 관심이 없어도 장황하게 내 주장을 펼치거나 대단치도 않은 논리를 전개하는 경향이 있다는 걸 자각하고 있다. 하지만 이런 것을 사람들에게 가르치기 때문에 '왜? 질문'과 '어때? 질문'은 절대 사용하지 않는다. 그런 질문을 전혀 사용하지 않아도 일상에서 대화를 나누는 데는 아무런 지장이 없다.

장기를 두는 사람보다 훈수하는 사람이 더 잘 본다는 말처럼, 타인이 본인보다 자신을 더 잘 보는 법이다. 타인의 대화를 듣다 보면 서로 선입견에 선입견으로 응수할 뿐 실질적인 대화가 거의 진행되지 않고 있다는 것을 깨닫고 어이가 없어 짜증이 날지도 모른다. 특히 사사건건 '왜? 질문'을 하는 친구나 동료, 부하가 원하지도 않는 조언을 마구 늘어놓는 상사의 존재를 깨닫는다면 실망이 커질 수 있다. 그럴 때는 세상 어디서든 볼 수 있는 모습이라고 편하게 생각하고 자신의 사실 질문법을 향상시키는 데 사용할 수 있는 것 외에는 무시하는 게 좋다. 너무나도 당연한 말이지만, 가장 중요한 것은 당신 자신의 정신 건강이다.

4장

'사실 질문'이 모든 것을 해결한다

사실 질문법의 핵심은 선입견 질문을 하고 싶어지면 '그 마음을 억누르고 사실 질문으로 바꿔서 질문하는' 것이다.

여러분이 매일 직면하고 있는 복잡한 문제나 과제를 분석하려면 사실 질문만 하더라도 상당한 양의 대화를 반복해야 하며, 이를 위해서는 질문을 이어 가는 기술이 필요하다. 또한 조합을 생각하면서 대화하는 기술도 필요하다.

해결은 해 주는 것이 아니라 시키는 것이다

지금부터 '문제나 과제를 분석하기 위한 사실 질문'에 대해 알아보기로 하자. 그것의 대원칙은 '질문자가 문제나 과제를 해결하는 것이 아니라, 당사자가 스스로 해결책을 찾을 수 있도록 북돋아야 한다.'이다. 즉 "해결은 해 주는 것이 아니라 시키는 것"이라는 말로 정리할 수 있다.

이 대원칙을 상징하는 일화 한 가지를 소개하겠다. '사실 질문'에 관한 강좌에서 있었던 일이다. 2인 1조로 '고치고 싶은 습관'에 관해 상대에게 질문하는 연습을 했다.

> 어느 국제 협력 조직의 여성 직원인 I와 주최 측의 어시스턴트 남성인 M이 한 조가 되었다. I의 문제는 '사무실 책상 위에 항상 서류를 난잡하게 쌓아 놓고 전혀 치우지 않는 것'이었다. M은 사실 질문 공

식에 따라 능숙하게 I의 문제를 분석했다.

먼저 "책상 위가 정리되어 있지 않은 탓에 업무 효율이 떨어졌나요?"라고 질문하고, 이어서 "최근에 그 습관 때문에 실제로 곤란했던 적이 있었나요?", "그 일은 언제 일어났습니까?", "누가 어떻게 곤란을 겪었습니까?" 같은 구체적인 사례를 질문했다.

(※ 뒤에 설명할 '문제의 분석과 해결을 위한 사실 질문의 공식' = '분석과 해결의 공식'을 연속해서 사용한 것인데, 설명은 뒤로 미루고 일단 이야기를 진행하기로 하자.)

그러자 I는 "곰곰이 생각해 보니 업무 효율은 거의 떨어지지 않은 것 같아요."라고 대답했다. 이 대답을 들은 M은 잠시 입을 다물었다. 그러나 I는 구체적으로 반응하지 않았다.

그래서 M은 다음과 같이 질문의 방향을 바꿨다.

"그렇다면 직장 동료 중에 책상 위를 깨끗하게 정리하는 사람이 있나요?"

그러자 I는 잠시 생각한 뒤 "있어요."라고 대답했다. 공교롭게도 그 시점에 연습 시간이 종료되어서 두 사람은 대화를 마쳐야 했다.

수십 분 후, 강좌의 다음 단계로서 각각의 짝이 자신들이 나눈 대화를 사람들에게 이야기하는 시간이 되었다. 자신의 순서가 되었을 때, I는 흥분한 표정으로 이야기하기 시작했다.

"'직장 동료 중에 책상 위를 깨끗하게 정리하는 사람이 있나요?'라는 질문을 받았을 때 깨달았어요. 사실 늘 책상 위를 깨끗하게 정리하는 사람이 두 명 있는데, 모두 남성 직원이었어요. 그중 한 명은

> 제 옆자리에 있는 젊은 남성 직원이에요. 그 기억을 떠올렸을 때, 갑자기 깨달았어요. 남성 직원이 그렇게 책상 위를 깔끔하게 정리하는데 여성인 제가 책상 위를 어질러 놓고 있다는 데 콤플렉스를 느끼고 있었다는 것을요. 그래서 그게 그렇게 신경이 쓰였던 거예요."

I의 진짜 문제는 책상 위를 정리하지 않은 상태가 아니라 자신도 모르게 '여성인 내가…….'라고 생각하는 자세, 이른바 '젠더 편향'이었다. 질문자가 '분석과 해결의 공식'에 따라 사실 질문을 통해 대화를 진행한 결과 I가 이 사실을 스스로 깨달았던 것이다.

문제가 근본적으로 해결된 것은 아니지만, I는 예전만큼 그 문제로 괴로워하지 않게 된 모양이다. 게다가 수납공간이 더 많은 책상으로 교체해 달라고 요청하는 등 현실적인 대책도 세웠다.

원래라면 사실 질문 공식에 따라 질문을 더 계속하는 것이 적절했겠지만, 시간 관계상 질문을 이어 갈 수 없었다. 그럼에도 I는 자신의 내부에서 질문을 계속 이어 갔고, 내면에서 새로운 깨달음을 얻었다. I는 그것을 사람들에게 말하지 않을 수 없었다.

깨닫기까지는 시간이 걸린다

여기에서 기억해야 할 것은 M이 마지막 질문을 한 뒤에 I가 깨달음을 얻기까지 어느 정도 시간이 걸렸다는 점이다. 이처럼 질문에서 깨달음에 이르기까지 시간이 걸린다는 점을 이해하고 이를 의식하는 것이 중요하다. 질문을 받고 나서 어떤 깨달음에 이르기까지 어느 정도 시간이 필요할 때가 있다. 다시 말해 시간 차가 존재할 수 있다.

해결은 외부인인 당신이 하는 것이 아니다. 당신이 할 수 있는 일은 그 사람의 선입견을 없애기 위해 사실을 제시하여 그 사람의 내적 대화를 북돋는 것까지다. 그런 뒤에는 '믿고 기다리거나', '스스로 해결하기를 기다릴' 수밖에 없다.

먼저 이 전제를 이해해야 한다. 이런 마음가짐이 없다면 당신이 앞으로 하려고 하는 것은 어떤 면에서는 '참견형' 조언이 되어 버릴 위험이 있다. '해결은 해 주는 것이 아니라 시키는 것'이라는 대원칙을 이해했다면 다음 4단계를 순서대로 실천하자.

1단계: 문제나 과제를 정의한다
2단계: 당사자가 누구인지 확인한다

3단계: 사실 질문을 통한 여덟 가지 '분석과 해결의 공식'
4단계: 해결을 위해 '믿고 기다린다'

1단계
문제나 과제를 정의한다

사실을 기준으로 이상과 현실 사이의 거리를 확인한다

"문제없습니다.", "그것은 문제입니다.", "문제는 무엇인가요?" 등 우리는 매일 '문제'에 관해서 이야기한다. 이 말을 사용하지 않는 날이 없다고 해도 과언이 아닐 정도다. 그렇다면 문제란 대체 무엇일까? 어떻게 정의해야 할까? 일반적으로는 '곤란한 일', '해결하고 싶은 무언가'라고 말할 수 있겠지만, 누군가에게 질문을 받는다면 좀처럼 명확한 정의가 생각나지 않을지도 모른다.

한편, 컨설턴트 같은 프로의 세계에서는 완전히 통일되지는 않았지만 상당히 공통된 정의가 있다. 그것은 "문제란 '바라는 모습'과 '현실 모습' 사이의 거리다."라는 정의다. 즉 그 사이의 거리가 멀면 문제가 크고, 거리가 가까우면 문제도 작다.

이 정의에 따른다면 문제는 완전히 해결할 수 있는 것이 아니라고도 생각할 수 있다. 거리를 최대한 좁혀서 당사자가 만족하는 시점에 그것이 해결되었다고 말할 뿐인지도 모른다.

그렇다면 바라는 모습과 현실 모습 사이의 거리를 좁히기 위해서는 어떻게 해야 할까? 여기에는 두 가지 방법이 있다.

먼저 생각나는 것은 ① 바라는 모습을 향해 현실을 바꿔 가는 방법이다. 반면 실제로는 아무것도 할 필요가 없는 편한 방법도 있다. 바로 ② 바라는 모습을 바꾸는, 즉 목표를 낮추는 것이다. 목표를 낮추면 현재 상황이 달라지지 않더라도 거리는 자연스럽게 줄어든다.

가령 한 달 매출액이 2억 원인 어느 영세 기업 경영자가 컨설턴트를 찾아가 "연내에 한 달 매출액을 4억 원까지 끌어올리고 싶습니다."라고 조언을 부탁했다고 가정하자. 경영자는 그렇게 하지 않으면 이익이 나지 않는다고 했다. 컨설턴트는 그것이 현실적이고 타당한 목표인지에 관해 경영자와 이야기를 나눴다. 대화를 나누다 보니 절감할 수 있는 경비가 꽤 있어서 매출을 높이지 않아도 충분히 이익을 낼 수 있다는 것을 알게 되었고, 3억 원을 당장의 목표로 삼자는 합의에 도달했다.

이처럼 먼저 현실과 목표 사이의 거리를 명확히 하고, 그런 다음 매출액을 늘리기 위해 무엇을 할 수 있을지 명확히 하는 작업으로 넘어가는 것이 문제를 해결하는 순서다. 이 말은 그 거리를 명확히 밝혀내지 못하면 문제에 적절히 대처할 수 없다는 뜻이기도 하다. "○○이 부족해."라고 모호하게 상황을 인식한 상태에서는 곧바로 대처한다고 해도 절대 문제가 해결되지 않는다. 그러므로 "얼마나 부족한 거야?"라고 질문하는 수밖에 없다.

얼마 전 지인의 고등학생 아들인 N이 지인에게 "성적을 올리고 싶으니까 학원에 보내 주세요."라고 부탁했다고 한다. 그래서 지인은 지금 성적이 어느 정도이고 그것을 어디까지 올리고 싶은지 물었다고 한다. 그런데 N은 그 어떤 질문에도 명확히 대답하지 못했다. 그러자 옆에서 이야기를 듣고 있던 대학생 딸이 "학원에 가면 성적이 오를 거라는 건 그저 꿈일 뿐이야!"라고 따끔하게 한마디 했다. 그러자 N도 의외로 꽤 홀가분해진 듯한 표정으로 "알았어요. 좀 더 생각해 볼게요."라며 자신의 방으로 돌아갔다고 한다.

문제를 현실과 이상 사이의 거리라고 정의한다면, 문제 분석의 핵심은 그 거리를 밝혀내는 작업이다. 그 작업이야말로 사실 질문법이 가장 진가를 발휘하는 부분이다.

'선입견'으로부터
문제를 찾아낸다

조금 더 자세히 설명해 보겠다. 먼저, 우리가 다루는 문제는 기본적으로 일반화된 말이나 글로 표현된다. 다음은 세상에 존재하는 흔한 문제 몇 가지이다.

① 수면 부족으로 늘 졸리다
② 지출이 많아서 저금을 할 수 없다
③ 책을 읽을 시간이 없다
④ SNS로 의사소통하는 것이 귀찮다
⑤ 가족 간 사이가 나쁘다
⑥ C 과장의 심기가 불편하다
⑦ 영업 할당량이 너무 높다

여러분도 슬슬 깨닫기 시작했을지 모르지만, 이런 것들 전부는 아직 '사실'이 아니다. 이런 것들은 명확한 시제를 동반하지 않는 일반화된 말로 표현되어 있기 때문에 '언제? 질문'을 통해서 어떤 특정 사건, 즉 사실을 기억나게 하여 도마 위에 올려놓을 수 있다. 다시 말해 '어디, 무엇, 누구' 등 사실 질문을 계속하는 것이다. 이렇게 사실 질문을 통한 확인 작업을 진행하면 이상과 현실 중 현실 쪽을 명확히 할 수 있다.

사실 질문을 통해 그 문제가 실제로 일어난 상태를 몇 가지 떠올리게 하면 문제의 모습이 구체적인 이미지와 함께 연상되기 시작한다.

이상이란 그렇지 않은 상태, 혹은 그렇게 되지 않는 상태를 의미한다. 예를 들면 다음과 같다.

> ① **수면 부족으로 늘 졸리다**
>   → 늘 졸리지 않은 상태
> ② **지출이 많아서 저금을 할 수 없다**
>   → 저금을 할 수 있는 상태
> ③ **책을 읽을 시간이 없다**
>   → 책을 읽을 시간이 있는 상태

다만 이는 지나치게 일반화되어 있어서 목표가 될 수 없다. 따라서 앞의 사실 질문을 통해 연상시킨 명확한 이미지를 동반한 상태가 구체적으로 어떻게 되는 것이 바람직한지 하나하나 구체적으로 기술하면 이상적인 상태를 특정할 수 있다.

이 방법의 기본은 당연히 사실 질문법인데, 요령은 과거의 구체적인 사례에 근거해서 기대하는 모습을 그리는" 것이다. 정량화가 어려워 보이는 문제나 과제를 해결해야 할 때는 "예전에 ○○ 씨와 이런 일이 있었는데, 다음에 똑같은 상황이 된다면 이런 대화를 할 수 있으면 좋겠습니다."라는 식으로 과거의 구체적인 사례에 근거해서 기대하는 모습을 그리면 된다.

신기하게도 문제를 명확히 할 수 있으면, 즉 목표 설정이 명확해지면 내부에서 의욕이 샘솟는다. 거리를 좁힐 방법을 생각할 때도, 그것을 실행으로 옮길 때도 적극적으로 일하게 될 때가 많다. 이것이 사실 질문법의 진정한 힘이다.

때로는 이상을 점점 낮춰 가다가 현실과 같은 수준까지 떨어지는 일도 있을 수 있다. 과거를 재현하는 사이에 현실을 받아들일 수 있게 되는 것이다.

이 일련의 사실 질문법과 공식에 관해서는 다음에 자세히 설명하겠다.

문제와 과제는 엄밀히 구별하지 않는다

잠시 문제와 과제의 구별에 관해 이야기하고 넘어가겠다.
문제와 과제의 경계는 종종 논의되는 화제다. 그러나 둘을 명확히 구별하기는 매우 어렵다. 개인적으로는 구별한다고 해도 본질적으로 큰 의미는 없다고 생각한다. 이 책에서 소개하는 사실 질문법은 그것이 문제이든 과제이든 상관없이 그 상태 자체의 해결을 목적으로 삼기 때문이다.

영어에는 'Issue'와 'Problem'이라는 별개의 어휘가 있지만, 세상에는 문제와 과제를 구별하는 어휘 없이 '문제'에 해당하는 말만 사용하는 언어도 많다. 그런 배경을 고려해서 이 책에서도 문제와 과제를 엄밀하게 구별하지 않고 사용하고 있다.

또 한 가지 확인하고 넘어갈 것은 '문제나 과제의 분석'과 '해결'의 관계에 관해서다. 사실 질문법의 궁극적인 목적은 상대가 해결 방법을 발견해서 실행하도록 북돋는 것이지만, 일단 분석을 중시한다. "문제를 올바르게 파악했다면 절반은 해결한 것이나 다름없다."라는 말이 있듯이, 올바른 분석 없이는 해결도 없다. 사실 질문법은 사실 질문을 끊임없이 이어 가는 과정에서 분석을 바탕으로 해결 방법을 자연스럽게 발견하도록 북돋는다. 그러므로 이것은 분석을 위한 공식, 이것은 해결을 위한 공식이라는 식으로 명확히 나누지 않고 하나로 이어지는 기법으로 소개하고 설명할 것이다.

2단계
당사자가 누구인지 확인한다

당사자와 답변자가 다른 질문은 절대 하지 않는다

다음 대화를 보자. 나와 어느 학부모의 대화다.

> **어머니** 저희 아들이 친구를 잘 만들지 못해서 걱정이에요.
> **나** 그건 어째서인가요?

이 질문에는 커다란 결함이 있다. '왜? 질문'이 적절하지 않다는 것은 당연히 알 수 있지만, 사실 그보다 더 중대한 문제가 있다. 그것은 **당사자는 누구인가?** 라는 문제다. 애초에 '친구를 만들지 못하는' 사람은 누구일까? 당연히 아들이다. 그럼에도 어머니에게 그 이유를 물었다. 본인조차도 명확한 이유를 알지 못하는데 타인에게 그 이유를 물어본다고 한들 무슨 의미가 있을까?

이는 언뜻 보면 바보 같은 질문이라는 생각이 들지도 모른다. 그러나 현실에서는 이 패턴의 질문을 매우 많이 볼 수 있다. 곰곰이 생각해 보면 누구나 마음에 짚이는 경우가 있을 것이다.

말 전하기 게임이 되지 않기 위해

그렇다면 이런 경우에는 어떤 사실 질문을 해야 할까? 이때도 원칙은 같다. "어째서인가요?"를 '네/아니요로 대답할 수 있는 과거형 질문'으로 바꾸는 것이다.

> "어째서인지 아드님한테 직접 물어본 적은 있습니까?"
> "어째서인지 아십니까?"

앞에서 했던 것과 같은 질문이다. 이렇게 물어보지 않고 "어째서인가요?"라고 물어보면 당사자는 소외된 채 '공중전'에 돌입하게 된다. 즉 생각과 생각의 대립이 시작되는 것이다. 공중전을 피하고 현실에 근거한 충실한 의사소통, 즉 지상전을 하려면 1차 정보와 2차 정보를 구별할 수 있어야 한다. 이번 경우를 정확히 표현하면 다음과 같다.

> "'친구를 만들지 못해서 고민이에요.'라고 아들이 제게 말했어요."라고 그 아이의 어머니가 내게 말했다.

이 경우, 고민의 당사자는 아들이며 그가 한 말을 그의 어머니가 내게 전한 것이다. 따라서 당사자와 나 사이에는 정보의 중개자가 있는 셈이다. 이것이 2차 정보다. 그렇지 않고 그 아들이 직접 내게 "친구를 만들지 못해서 고민이에요."라고 말했다면 1차 정보다. 만약 아버지가 아들에게 들은 말을 어머니에게 이야기하고 어머니가 그 이야기를 내게 했다면 3차 정보가 된다. 이래서는 말 전하기 게임이 될 가능성이 높아서 정확한 정보를 얻기가 매우 어렵다.

그러므로 사실 질문을 하려는 사람은 항상 이 구조를 민감하게 파악하고 그에 맞춰 질문할 수 있어야 한다. 사실 질문에는 이 구조적인 벽을 뛰어넘을, 즉 말 전하기 게임이 되지 않게 하는 힘이 있다. 어떤 의미에서 사실 질문법의 가장 큰 의의라고 해도 과언이 아니다.

2차 정보를
1차 정보로 수정한다

한밤중에 전화로 "딸아이가 배가 아파서 힘들어하고 있어요."라고 말하는 어머니에게 의사가 "언제부터 아팠나요?"라고 물어보는 것도 엄밀히 말하면 사실 질문이 아니다. 정확히 따지자면 "따님이 언제부터 통증을 호소하기 시작했나요?" 혹은 "따님이 배가 아파서 힘들어하는 것을 언제 아셨나요?"라고 묻는 것이 그 어머니에게 해야 할 사실 질문이다. 어머니가 알기 오래 전부터 이미 아픈 상태였을지도 모르기 때문이다. 당사자인 딸에게 직접 "언제부터 아팠니?"라고 물어볼 수 있다면 가장 좋겠지만, 그것이 어렵다면 일단 그 어머니에게 앞에서 이야기한 것처럼 질문하는 수밖에 없다. 물론 프로 의사라면 그 정도의 문진 기술은 터득하고 있을 것이다.

사실 질문을 하려면 이런 '당사자성'에 대해서도 의식해야 한다. 이 경우 통증의 당사자는 아이이고, 어머니는 그 아이의 보호자라는 위치에서 당사자이며, 의사는 의료인이라는 위치에서 당사자다.

의사 관점에서 이 관계를 생각하면 정보를 1차 정보와 2차 정보로 구별할 수 있다. 어머니가 의사에게 말한 "딸아이가 배가 아파서 힘들어하고 있어요."는 2차 정보다. 배가 아픈 사람은 딸이기 때문이다. 그것을 1차 정보로 만들려면 딸에게 직접 물어보는 수밖에 없다. 그런데 딸이 대답할 수 없는 상황이라면 어떻게 해야 할까? 이럴 때야말로 사실 질문이 활약할 차례다.

> "언제부터 배가 아프다는 말을 했나요?"
> "따님이 먼저 어머님께 배가 아프다고 호소했나요? 아니면 어머님께서 따님의 상태를 깨닫고 물어보셨나요?"
> "그때 따님은 어떤 말이나 행동으로 그것을 어머님께 전했나요?"
> "그때 따님의 안색이나 표정은 어땠나요?"
> "그리고 지금은 어떤가요?"

이런 식으로 질문을 이어 가는 것이다.

이에 대한 대답은 딸이 당사자인 경우 2차 정보지만, 어머니를 당사자로 삼는 경우는 1차 정보다. 어머니의 관찰이나 견해는 전문가가 봤을 때 반드시 정확하다고 할 수는 없을지 모르지만, 진단을 위한 귀중한 정보가 된다. 어머니가 그렇게 행동하고 관찰한 후에 이야기했다는 사실은 의사에게 1차 정보이기 때문에 의사는 그 이야기를 얼마나 신뢰할 수 있을지 어느 정도 파악할 수 있다.

  그 결과 '어머니의 걱정이 큰 것은 이해하지만 그렇게까지 긴급한 상황은 아니다.'라고 판단하고 "긴급한 상황은 아닌 것으로 보이니, 너무 걱정하지 마시고 날이 밝은 뒤에 병원으로 데려오세요."라고 이야기할 수 있었다.

'무엇의 당사자인가?'를 정확히 파악한다

아이	통증의 당사자
어머니	보호자로서의 당사자
의사	의료인으로서의 당사자

3단계
사실을 바라보고
현실을 부각시킨다

사실 질문을 통한
여덟 가지 '분석과 해결의 공식'

공식은 다음과 같다. (0을 포함하면 아홉 가지지만) 여덟 가지밖에 안 되니까, 이 페이지를 참조하면서 연습하면 금방 외울 수 있을 것이다. 먼저 외운 다음에 기억을 떠올리면서 연습한다면 더 효과적이다.

> 0. 절대 상대의 대답을 자신의 표현으로 수정하지 않는다.
> 1. 상대가 '문제'를 이야기하기 시작했다면 "언제?"부터 묻는다.
> 2. "애초에 해결하고 싶은 게 맞아?"라고 묻고 싶어졌다면 "지금까지 어떤 식으로든 대처해 봤어?"라고 묻는다.

3. 상대가 "어떻게 해야 좋을지 모르겠어."라고 말했다면 "다른 누군가에게 물어본 적 있어?"라고 묻는다.
4. "그게 진짜 문제인 것이 맞아?"라고 묻고 싶어졌다면 "누가, 어떻게 곤란해했어?"라고 묻는다.
5. "대체 왜 그 선택을 한 거야?"라고 묻고 싶어졌다면 "그밖에 다른 선택지도 있었어?"라고 묻는다.
6. 상대가 "○○이 부족해."라고 말했다면 "얼마나 부족한 거야?"라고 묻는다.
7. 상대가 "불가능해."라고 말했다면 "그것을 하기로 누가 결정했어?"라고 묻는다.
8. "알면서 왜 안 하는 거야?"라고 말하고 싶어졌다면 '살짝 웃음을 지으면서 잠시 상대의 눈을 바라본다.'

먼저 '0'이라는 번호를 붙인, 가장 중요한 기본 원칙을 소개한 다음에 시작하겠다.

[분석과 해결의 공식 ⓪]

절대 상대의 대답을 자신의 표현으로 수정하지 않는다

문제를 분석하기 위해 사실 질문을 하다 보면 '아, 이 사람의 생각은 선입견에 불과하구나.'라든가 '이런 식이니까 문제를 해결하지 못하지."라는 식으로 상대가 왜 문제를 해결하지 못했는지 파악하기 시작한다. 장기 두는 사람보다 훈수하는 사람이 더 잘 본다는 말처럼 문제의 당사자보다 제삼자가 문제의 본질을 객관적으로 분석할 수 있을 때가 많다. 그 문제에 관한 지식이나 정보를 더 많이 보유하고 있다면 더더욱 그렇다.

물론 그럴 때 '참견형' 질문을 하는 일이 없도록 주의해야 한다. 그리고 삼가야 할 것이 또 한 가지 있다. 바로 ==상대의 대답을 자신의 표현으로 바꿔서 요약 정리하는 것==이다. 구체적으로 말하면, 상대의 대답을 듣고 "그러니까 이러이러한 것이군요."라는 식으로 상대가 사용하지 않은 말을 사용해 표현하거나 정리한 다음 상대에게 동의를 구하는 것은 절대 금물이다.

이런 흐름이 이어지면 마치 질문자가 유도한 것처럼 기대했던 대답이 나오기 때문이다. 즉 상대가 질문자의 의중을 헤아리면서, 혹은 본인의 선입견을 근거로 이야기하게 된다. 그렇게 되면 자신의 가설에 자신감이 생긴 나머지 그 가설에 집착하면서 미리 판단하거나 선입견을 갖게 되고, 그것을 상대에게 강요하는 상황이 벌어질 위험이 커진다. 이래서는 사실 질문을 하는 의미가 없다. 결국 '왜?' 질문으로 상대를 몰아붙이거나 상대가 원하지 않는 제안을 하는 것과 아무런 차이가 없기 때문이다.

이처럼 표현을 바꾸거나 요약 정리할 필요가 있을 때는 상대의 입에서 나온 말과 표현만 사용하도록 해야 한다. 상대가 질문자가 기대한 대답을 했다고 만족하기보다는 상대가 자신의 생각을 헤아려 유도한 대로 답하게 된 것일지 모른다고 의심해야 한다.

[분석과 해결의 공식 ①]
상대가 '문제'를 이야기하기 시작했다면 "언제?"부터 묻는다

지금까지 귀에 못이 박히도록 이야기했듯이, 사실 질문법의 공식에서 가장 기본은 "왜?"가 아니라 "언제?"라고 묻는 것이다. 굉장히 유용한 공식이기에 그 응용 방법까지 포함해서 더 자세히 설명하겠다.

상대가 중요한 경험을 이야기하기 시작했다면, 혹은 지금부터 특정한 문제 혹은 과제에 관해 이야기하기로 합의했거나 그런 상대 의사를 확인했다면 '언제? 질문'부터 시작하는 것이 기본 중의 기본이다. 그리고 이 경우 두 가지 질문 패턴이 있다.

> **분석과 해결의 공식 ① 패턴 A**
> "가장 최근은?"

첫 번째는 "가장 최근에 그 사건(문제·과제)이 일어난(드러난)

것은 언제입니까?"라는 식으로 가장 최근 것부터 질문하는 방법이다. 가령 상대가 "요즘 들어서 무릎이 아픕니다."라고 말했다면 "지금도 아픈가요?" 혹은 "가장 최근에 굉장히 아팠던 적은 언제인가요?"라고 묻는다. 그래서 "어제 아침입니다."라고 대답했다면 "그때는 무엇을 하고 계셨나요?", "어디에 계셨나요?" 등 비슷한 사실 질문을 사용하면서 좀 더 구체적으로 질문해 나간다.

더 나아가 "그전에는요?", "그전에는요?"라고 질문을 이어 가면 상대는 점점 구체적으로 기억을 떠올리면서 이야기할 것이다. 한동안 이렇게 질문을 계속하면 문제의 대략적인 모습이 드러난다.

> **분석과 해결의 공식 ① 패턴 B**
> "제일 처음은?"

두 번째는 단번에 과거로 거슬러 올라가 "그 일이 제일 처음 일어났던 때를 기억하시나요?", "그것은 언제였나요?", "어디였나요?"와 같은 식으로 문제가 최초로 발생했던 때 혹은 최초로 드러난 때를 묻는 질문이다. 특히 문제나 과제의 전체상이 뚜렷하지 않거나 분석이 원활히 진행되지 않는 경우에 사용한다.

'기점'을 파악하는 데 착오가 있는 경우가 많다는 전제에서 그 문제가 발생한 경위를 구체적으로 추적하는 질문을 거듭하는 것이 정석이다. 출발점을 찾아낸 뒤 "그다음은?", "그 뒤로는?" 처럼 출발점부터 현재를 향해 시간의 흐름대로 질문을 이어 갈 수 있다면 이야기의 진행이 원활해질 것이다.

대략적으로는 이와 같은 시간의 흐름에 따라 질문을 이어 가는 것이 '분석과 해결의 공식'의 기본이다.

이 질문의 가장 큰 목적은 상대가 최대한 기억을 정확하게 떠올리게 하는 것에 있다. 자신의 문제를 똑바로 바라보는 것은 누구에게나 굉장히 어려운 일이다. 우리는 매사를 자신의 입맛에 맞게 파악한다. 가령 인간관계가 꼬였을 때, 그 원인이 전적으로 상대의 잘못인 경우는 거의 없다. 그러나 그 원인을 혼자 생각하다 보면 자신의 잘못이 아니라 마음에 들지 않는 상대의 언행이 먼저 떠오르기 마련이다. 이런 일이 반복되면 그 부분이 강화되어 기억 자체를 왜곡시킨다.

그 왜곡된 기억을 스스로 바로잡아 정확히 기억해 내도록 하는 것이 질문자의 역할이다. 과거의 경위를 정확히 떠올리는 사이 상대는 그 정확한 기억을 바탕으로 재분석을 시작한다. '문제를 똑바로 파악했다면 절반은 해결한 것이나 마찬가지다.'

그 과정에서 밝혀진 문제의 정체에 동의한다면 그다음부터는 본격적인 분석을 위한 질문을 시작한다.

사실만을 조명해
기억의 왜곡을 교정한다

다시 한번 말하지만, 이 세상의 모든 일은 시간과 공간 속에서 일어난다. 과거에 일어난 일과 현재 진행 중인 일은 사실이다. 반면 미래는 아직 일어나지 않았으니까 사실이라고 말할 수 없다. 반대로 말하면, 사실이기 때문에 반드시 "언제?"라고 질문할 수 있다.

"언제?"라는 질문을 받으면 머릿속에서는 '기억을 떠올리는' 행위가 자연스럽게 시작된다. '언제? 질문'은 '생각하게 하지 마라. 기억을 떠올리게 하라.'라는 대원칙에 따라 대화를 시작하는 데 가장 적합하면서도 묻기 편한 질문이다.

> **예제**
>
> 후배가 "직장 상사와 의사소통이 원활하지 못해서 고민이에요."라고 말했다고 가정하자. 어떻게 질문을 이어 가야 할까?

패턴 A) '가장 최근'

"가장 최근에 그 일이 일어난 것은 언제였어?"가 좋다. 만약 그

것이 최근에 일어난 일이라는 것을 알았다면 다음과 같이 자세히 질문할 수 있다.

- "그 일이 어디에서 일어났어?"(어디, Where)
- "그때 그 자리에 직장 동료가 몇 명이나 있었어? 누구누구였어?"(누구, Who)
- "무슨 이야기를 했을 때 의사소통이 안 된다는 강한 느낌이 왔어?"(무엇, What)

패턴 B) '제일 처음'

"그 일이 제일 처음 일어났던 건 언제야?", (혹은) "그걸 제일 처음 깨달았던 때가 언제인지 기억해?"가 될 것이다.

"네, 기억해요."라는 대답이 돌아왔다면 패턴 A)와 마찬가지로 어디, 누구 등에 대해 자세히 질문한다. 이처럼 문제의 기점을 상대와 함께 찾으면서 원인이나 기점에 다가갈 수 있다.

두 패턴 모두 "그전에는?", "그렇다면 그전에는?" 하고 시간을 거슬러 올라가면서 질문하거나 "그다음에는?", "그다음에는?" 하는 식으로 질문하면서 시간의 흐름에 따른 문제나 과제의 변화에 대해 밝힐 수도 있다.

실제로는 잘 기억하지 못하거나 특정하기 어려운 경우도 있을 수 있다. 그럴 때는 "기억해?"라고 덧붙이는 등 그 자리에서 판단하면서 질문을 찾는 수밖에 없다.

다른 질문이 떠오르지 않거나, 특히 첫 질문일 때는 '언제? 질문'이 편하다. 시간의 흐름에 따라 질문을 이어 가는 이 기법은 그다지 어렵지 않고 어떤 상황에서나 사용할 수 있는 효과적인 방법이다.

[분석과 해결의 공식 ②]

> "애초에 해결하고 싶은 게 맞아?"라고 묻고 싶어졌다면
> "지금까지 어떤 식으로든 대처해 봤어?"라고 묻는다

'언제? 질문'과 함께 문제의 분석과 해결을 위한 가장 강력한 사실 질문은 대처 방법을 묻는 질문이다. 이 질문은 상대가 얼마나 진심인지 확인할 수 있고, 자각을 촉구하는 결과로도 이어져 해결 방법을 발견하는 행동으로 연결될 수도 있는 '황금 공식'이다.

이 질문 또한 단순하다.

> **분석과 해결의 공식 ②**
> "지금까지 어떤 식으로든 대처해 봤어?"

이 질문이 얼마나 강력한 질문이 될 수 있을지 생각해 보자. 어떤 고민을 안고 있는 사람이 이 질문에 각각 다음과 같이 대답했다고 가정하자.

> ① **수면 부족으로 늘 졸리다**
> → 아니요. 아무것도 하지 않았습니다.
> ② **지출이 많아서 저금할 수 없다**
> → 가계부 앱을 설치했지만, 사용은 하지 않았습니다.

①과 ② 모두 정말로 곤란한 상황인지 의심스럽다. 즉 이 사람은 대화 속에서 "곤란해."라든가 "문제야."라고 말하면서도 자신은 거의 아무런 대처도 하지 않았다는 것을 깨닫게 될 것이다. 그래서 심각한 문제가 아니라는 것을 인식하고 "이 문제에 관해서는 이제 됐습니다."라고 말할지도 모른다. 그렇다면 일단 분석과 해결의 공식 ③ "다른 누군가에게~"라는 질문을 던져서 확인해 보면 된다.

대답이 "네."일 경우는
'언제', '무엇', '어디'를 묻는다

이번에는 상대가 다음과 같이 대답했다고 가정하자.

> ③ **책을 읽을 시간이 없다**
>   → 읽고 싶은 책을 골라서 항상 갖고 다녔더니 조금씩이지만 읽게 되었습니다.
>
> ④ **SNS로 의사소통하는 것이 귀찮다**
>   → 몇몇 앱은 과감하게 삭제했습니다. 그리고 밤 11시가 지나면 기본 앱 이외에는 전부 정지시키도록 설정했습니다. 그랬더니 부담감이 줄어든 느낌입니다.

③과 ④는 그 사람에게 그다지 심각하지는 않지만 가능하면 해결하고 싶은 문제라고 생각해도 되는 것들이다.

이처럼 대답이 "네(대처한 적이 있습니다)."인 경우 그 대처에 관해 자세히 물어볼 수 있다. 물론 이때도 다음과 같은 단순한 사실 질문을 사용한다.

○ "언제?"
○ "무엇을?"

○ "어디에서?"

○ "비용이나 노력은 얼마나 들였는가?"

○ "효과는 있었는가?", "충분했는가?", "적절했는가?"

마지막 질문의 경우, 충분한 효과가 있었다는 대답은 나오지 않을 것이다. 애초에 문제가 완전히 해결되었다면 지금 이 자리에서 이야기하지 않았을 것이기 때문이다. 그런 경우 해결이 충분치 못했던 이유를 물어보기 위해 그 해결 방법이나 대처 방법이 적절했는지 다음과 같은 질문으로 확인한다.

○ 그 대처 방법을 어디에서(누구에게서) 알았는가?
○ 실제로 해 봤을 때, 처음에 생각했던 것과 다른 점은 있었는가?
○ 그밖에 대처 방법은 있었는가?

같은 질문을 이어 가는 것이 정석이지만, 여기까지 오면 외워야 할 공식 수가 너무 많아져서 이 정도에서 멈추겠다. 실제로는 이 정도까지만 기억해 낼 수 있다면 이쪽에서 딱히 날카로운 질문을 하지 않더라도 본인 스스로 곰곰이 생각하게 된다.

[분석과 해결의 공식 ③]

**상대가 "어떻게 해야 좋을지 모르겠어."라고 말했다면
"다른 누군가에게 물어본 적 있어?"라고 묻는다**

상대가 "아니요, 무엇인가를 해 본 적은 없습니다."라고 대답한 뒤, "그게, 사실은 뭐라도 해 보고 싶기는 한데 무엇을 어떻게 해야 할지 몰라서 그랬습니다."라고 덧붙이는 상황도 있을 수 있다. 이 경우는 다음과 같이 질문한다.

> **분석과 해결의 공식 ③**
> "다른 누군가에게 물어본 적 있어?"

이는 정보원을 탐색하거나 정보를 수집한 경험을 물어봄으로써 좀 더 적극적인 대처를 촉구하는 질문이다.

이 질문도 그렇게까지 질문함으로써 어떤 효과를 볼 수 있을지 여부는 상대가 그 문제를 얼마나 심각하게 여기느냐에 달려 있다. 너무 해결책을 찾아내는 데 매달리지 말고 그 상황에 이르게 된 과정을 확실히 기억해 내도록 유도하는 것이 선결 과제다.

같은 종류의 질문으로 다음과 같은 것들이 있다.

○ 예전에 같은 문제에 대처한 적은 없어?
○ 주변에 누군가 같은 문제에 대처했던 사람은 없어?
○ 그 문제에 관해 조사해 본 적은 있어?

처음 두 질문은 제2장에서 소개한 기본 공식 ⑤ '그밖에는? 질문'을 응용한 형태다. 대상으로 삼은 물건이나 내용에 관한 질문이 벽이 부딪쳤을 때 사용한다.

그 사람이 지닌 경험만으로 대처가 불가능한 경우에는 "(주변에) 누군가 비슷한 고민을 하는 사람은 없습니까?", "그 사람은 어떻게 대처했는지 아십니까?" 같은 질문을 한다.

'자신의 문제에 관한 해결책이 보이지 않는 것 같다면 가까운 사람의 성공 사례를 물어본다.'는 '그밖에는? 질문'의 효과적인 응용 사례다.

[분석과 해결의 공식 ④]

"그게 진짜 문제인 것이 맞아?"라고 묻고 싶어졌다면
"누가, 어떻게 곤란해했어?"라고 묻는다

지금까지 소개한 분석과 해결의 공식을 계속하며 문제에 관해 질문하다 보면 도중에 '그게 진짜 문제가 맞을까?'라는 근본적인 의문을 느낄 때가 있다. 이런 느낌을 받았다면 그 자리에서 의문을 해소하는 편이 좋다.

그때는 '누가', '언제', '어떻게 곤란해했어?'처럼 정말로 피해가 있었는지 질문해야 한다.

> **분석과 해결의 공식 ④**
> "누가, 어떻게 곤란해했어?"

"무엇에 곤란해했습니까?"가 아니라 "곤란했던 경험이 있습니까?"와 같이 '네/아니요'로 대답할 수 있는 '과거 경험을 묻는 질문'으로 시작해서 상대가 대답하기 쉽게 묻는 것이 좋은 질문 방법이다.

이 질문의 효력을 확인하기 위해, 주변의 문제를 하나 골라서 질문해 보자. 간단한 자문자답 연습이다. 먼저, 보거나 들은 적이 있는 문제를 생각나는 대로 종이에 적는다. 직장 문제, 학교 문제, 사회 문제, 가정 문제 등 당신과 직접적으로 관련이 있는 문제도 좋고 아니어도 상관없다.

여기에서는 앞에서 나온 사례를 사용했다.

① 수면 부족으로 늘 졸리다
② 지출이 많아서 저금할 수 없다
③ 책을 읽을 시간이 없다
④ SNS로 의사소통하는 것이 귀찮다
⑤ 가족 간 사이가 나쁘다
⑥ C 과장의 심기가 불편하다
⑦ 영업 할당량이 너무 높다

이 가운데 어느 하나를 선택한 뒤 그 문제에 대해 공식을 사용해서 질문해 보자. "그래서 누가, 어떻게 곤란해했어?"라고.

다음 세 가지에 관해서는 피해를 특정할 수 있을지도 모른다.

> **④ SNS로 의사소통하는 것이 귀찮다**
> "어떻게 곤란했지?"
> → 중학생 시절 친구인 D를 중심으로 한 그룹이 한밤중까지 연락을 계속해서 마음을 놓을 수가 없었어.
> "누가 곤란해했어?"
> → 금방 답장하지 못하던 E가 그룹에서 퇴출당했어. 다음 차례는 나일지도 몰라.
> **⑤ 가족 간 사이가 나쁘다**
> "어떻게 곤란했어?"

→ 고등학생인 동생이 집에 와서도 방에 틀어박혀 나오지 않아. 그래서 아버지가 억지로 방에서 나오게 하려다 한바탕 싸움이 벌어졌어.

"누가 곤란해했어?"
→ 아버지와 동생 사이가 험악해져서 어머니가 굉장히 힘들어하셨어.

위와 같은 대화가 있을 수 있다.

⑥ C 과장의 심기가 불편하다
"어떻게 곤란했어?"
→ 동료가 사소한 실수만 했을 뿐인데 굉장히 크게 화를 냈어.
"누가 곤란해했어?"
→ 어제는 F 씨가 충격을 받아서 회사에 출근하지 않았어.

나아가 이런 시나리오도 가능할 법하다. 이는 상사가 갑질하는 문제다.

이처럼 피해 상황을 떠올리고 구체적으로 기술했다면 이상적인 목표도 파악할 수 있다. 요컨대 'C 과장이 어지간한 실수에는 화를 내지 않는다.'를 목표로 하는데, 이것만으로는 아직 모호하다. '어지간한 실수'가 구체적으로 무엇을 가리키는지 지금까지의 경험을 통해 몇 가지 예를 들 수 있다면 과장이 허용하는 실수의 범위가 드러날 것이다. 그러려면 자신을 포함해 피해 당사자인 동료에게 사실 질문을 통해 '언제', '무엇을 해서', '어떻게 되었는가?'를 구체적으로 알아낼 필요가 있다. 그러면 과장 본인에게 구체적으로 질문하거나, 기회가 된다면 상사에게 실제 사례와 함께 보고할 수도 있을 것이다.

혹은 관점을 완전히 바꿔서 'C 과장에게 혼나더라도 동요하지 않는다.'를 이상적인 목표로 삼는 방법도 있을지 모른다. 이 경우도 '동요하지 않는다.'라는 것이 모호하기 때문에 먼저 과거에 어떤 타격을 입었는지 동료들과 이야기를 나누고, 과거에 같은 일이 일어났을 때 어떻게 대처했는지 혹은 적절히 대처한 사례가 있다면 어땠는지에 대한 경험을 공유하면 된다. 그렇게 하면 앞으로 무엇을 해야 할지, 어떤 대처나 준비가 가능할지 찾아낼 수도 있을 것이다.

이렇게 문제를 확인한 다음에는 해결 방법을 발견하기 위해 사실 질문을 사용하면서 대화를 진행하는 것이 정석이다.

④와 ⑤도 같은 방법을 사용할 수 있다.

'마음에 걸리기는 하지만 해결을 서두르지 않아도 되는 것'도 있다

그러면 다음 사례에 관해서도 생각해 보자.

① 수면 부족으로 늘 졸리다
② 지출이 많아서 저금할 수 없다
③ 책을 읽을 시간이 없다

이 고민에 대해 '누가', '어떻게' 곤란해했는지 묻는다면 얼마나 명확한 대답을 들을 수 있을까? 전부 자신에 관한 것이기에 "내가 곤란했다."까지는 금방 대답할 수 있겠지만, '언제?', '어떻게?'는 특정하지 못할지도 모른다. 그렇다는 것은 다시 말해 '마음에 걸리기는 하지만 문제라고 말할 정도는 아닐' 가능성이 떠오른다. 즉 딱히 곤란한 것이 없는데 그냥 "문제야, 문제"라고 말했을 뿐인지도 모른다는 말이다

사실 질문으로 해결을 시도하려면 상대를 신뢰하고 대화를 맡기는 한편 '그것이 정말일까?'라는 의문을 품을 필요가 있다. 즉 상대가 하는 말을 무작정 받아들이지 말고 그것이 사실인지 질문을 이어 가는 자세가 중요한 것이다.

이는 자신에 대해서도 마찬가지다. 자신이 말만 그렇게 할 뿐 사실은 심각하게 생각하고 있지 않은 것은 아닌지, 혹은 다른 문제가 숨어 있어서 신경 쓰이는 것은 아닌지 등을 염두에 두면서 구체적으로 자신에게 질문하도록 하자.

[분석과 해결의 공식 ⑤]

**"대체 왜 그 선택을 한 거야?"라고 묻고 싶어졌다면
"그밖에 다른 선택지도 있었어?"라고 묻는다**

분석과 해결의 공식 ⑤는 상대의 '선택'에 관해 '뭔가 이상한데……'라고 위화감을 느꼈을 때 사용한다. 간식으로 먹을 케이크부터 결혼 상대에 이르기까지 우리 인생은 선택의 연속이다. 상대에게 조금이라도 관심이 있다면 '왜 그런 선택을 한 것일까?' 알고 싶어지는 것이 당연하다. 특히 다른 사람의 이야기를 듣다 보면 '대체 왜 그런 선택지를 고른 걸까?'라고 궁금해질 때가 있다. 그 대상은 학교, 일, 연애 등 다양하다.

그렇다고 해서 "왜 그걸 선택했어?"라고 '왜? 질문'을 하면 당연히 진짜 이유를 듣기 힘들다. 상대는 그 자리에서 적당히 생각해낸 것을 대답할 것이기 때문이다. 그렇게 해서 나온 대답은 허세가 들어갔거나 과장된 것인 경우가 많다. 그런 대답을 듣는다고

해서 무슨 의미가 있겠는가?

이런 경우 간단히 대답을 들을 수 있는 강력한 사실 질문이 있다. 그것이 바로 "그밖에 다른 선택지도 있었어?"라는 질문이다.

> **분석과 해결의 공식 ⑤**
> "그밖에 다른 선택지도 있었어?"

예전에 대학교 조교로 일하는 여성 지인과 오랜만에 만났던 적이 있다. 그 지인은 새로운 노트북 컴퓨터를 갖고 있었는데, 푸른빛을 띤 검은색이었다. 왠지 칙칙해 보이기도 했고 좀처럼 볼 수 없는 색이라서 왜 그런 색상을 골랐는지 궁금해진 나는 그 지인에게 물었다.

> **나** 그거 언제 산 거야?
> **지인** 지난달에 샀어요.
> **나** 어디에서 샀어?
> **지인** 대학교 교직원 매점에서요.
> **나** 그것 외에는 어떤 색상이 있었어?
> **지인** 실버화이트하고 블랙이요. 블랙은 품절이었어요.
> (잠시 침묵) 사실은 실버화이트를 사고 싶었는데, 최근에 교수가 같은 색상의 제품을 사서 일부러 다른 색상으로 샀어요. 그 인간하고 같은 색상을 쓰기는 죽어도 싫었거든요.

최근에 교수와 사이가 좋지 않다는 이야기는 들었지만, '이렇게까지 싫어하고 있었구나!' 하는 생각에 놀랐던 기억이 난다. 결국 그 지인은 이듬해 연구실을 떠났다.

대화에서 주고받은 세 번에 걸친 질문과 대답은 전부 연결되어 있다. 상대의 대답을 근거로 다음 질문을 했다. 이런 식으로 담담하게 기억을 떠올리게 질문해야 한다.

사람이 선택을 해야 할 때는 대부분 다른 선택지도 있기 마련이다. 그러므로 이 질문을 통해 그때 일을 확실히 기억나게 하면 생각지도 못한 배경이나 일화가 나올 수 있다.

"언제?"부터 시작해서 화제에 깊이 파고들면 서서히 이야기가 확대된다. 그럴 때 사실의 축을 넓힐 수 있다는 것이 이 질문의 장점이다. 특히 필자가 가장 추천하는 사실 질문 공식이다.

[분석과 해결의 공식 ⑥]

상대가 "○○이 부족해."라고 말했다면
"얼마나 부족한 거야?"라고 묻는다

당신은 "○○이 부족해."라는 말을 자주 하는 편인가? 예를 들어 "운동 부족이야."라든가, "시간이 모자라."라든가, "예산이 부족해."라든가…….

그럴 경우에는 "얼마나 부족한 거야?"라는 질문으로 되받아치는 것이 상당히 효과적이다. 이것 역시 분석과 해결을 위한 사실 질문의 비결이다.

> **분석과 해결의 공식 ⑥**
> "얼마나 부족한 거야?"

이 질문은 다음과 같이 사용한다.

> ○ **"시간이 모자라."**
> → 시간이 얼마나 있으면 그것을 할 수 있습니까?
> ○ **"돈이 부족해."**
> → 활동 자금이 얼마나 더 필요합니까?
> ○ **"운동 부족이 마음에 걸려."**
> → 운동량이 얼마나 부족한지 아십니까?
> ○ **"영업 할당량이 너무 높아."**
> → 영업 할당량을 달성하려면 얼마나 더 계약을 따내야 합니까?

이런 질문에 대해서 상대가 금방 정확한 대답을 할 수 있을지는 미지수다. "시간이 모자라."라든가 "운동 부족이야."가 단순한 입버릇일 뿐이라면 이런 질문을 받았을 때 당연히 구체적으로 대답하지 못할 것이다. 다만 '대답하지 못한다.'라는 현실에 직면했을 때 상대에게 어떤 심경의 변화가 일어날 가능성도 있기 때문에 이것이 가치 있는 질문이라는 것은 의심할 여지가 없다. 기억해 둬서 손해 볼 일이 없는 공식이다.

또한 상대가 곧바로 대답하지 못할 때 조금 더 추궁해 보고 싶다면 다음과 같이 질문하면 된다.

> "그게 부족하다는 것을 어떻게 알았어?"

상대가 이 질문에 곧바로 대답했다면 다음 질문을 한다.

> "그 대답(판단)의 근거는 뭐야?"

경우에 따라 조금 짓궂은 질문이 될 수도 있지만, 상황을 명확히 파악하기 위해서는 이런 흐름에서 질문하는 것이 필요하다. 이 질문에 제대로 대답할 수 있다면 문제는 절반쯤 해결되었다고 생각해도 무방하다. 이 질문에 제대로 대답했다는 것은 이미 본인이 그 문제에 관해 열심히 생각하고 분석했다는 의미이기 때문이다.

다음은 자세한 대화의 사례다.

ㅒ 운동 부족이 마음에 걸려요.
ㅣ 얼마나 부족한지 아십니까?
ㅒ 그건 모르겠어요.
ㅣ 그렇다면 운동 부족이라는 걸 어떻게 아셨나요?
ㅒ 체중이 계속 늘고 있거든요.
ㅣ 체중이 늘어나기 시작한 게 언제부터인가요?
ㅒ 3년 정도 전부터인 것 같아요.
ㅣ 그전에는 운동을 하셨나요?
ㅒ 아니요. 생각해 보니까 지금 사는 곳에 이사 오기 전에는 운동 삼아 꽤 걸었던 것 같네요.
ㅣ 어느 정도 거리를 몇 분 정도 걸으셨나요?
ㅒ 1.5킬로미터 정도는 걸었을 거예요. 시간은 20분 정도 걸렸던 것 같아요.
ㅣ 지금은 몇 분 정도 걸으시나요?
ㅒ 역에 갈 때 버스를 타기 때문에 버스 정거장까지 2~3분 정도 걷는 게 다예요.
ㅣ 몸을 움직이는 것과 관련해서 그밖에 당시와 달라진 점이 있나요?
ㅒ 회사에서 6층에 있는 부서로 이동해서 엘리베이터를 이용하게 되었어요. 그전에는 3층이다 보니 걸어서 올라갈 때가 많았거든요.
ㅣ 식사량은 어떤가요?
ㅒ 식사량은 당시와 큰 차이가 없을 거예요.
　(잠시 침묵) 그렇군요. 하루에 30분 정도는 걸을 필요가 있는 것

같아요.
- 집 근처에 걷기 좋은 곳은 있나요?
- 아니요. 하지만 출근할 때와 퇴근할 때 모두 버스 타던 걸 그만두고 한 번 정도는 걸어서 역까지 가면 될 것 같아요.
- 걸어서 역까지 가 본 적은 있나요?
- 네. 회사에서 정시에 퇴근했는데 날씨가 좋아서 그냥 걸은 적이 몇 번 있어요.
- 걷고 나서 무언가 느낀 점은 있었나요?
- 기분이 굉장히 상쾌했어요. 그래서 그때는 가끔 걷기도 해야겠다고 생각했었는데, 결국 실행에 옮기지는 못했어요. 하지만 이대로 체중이 계속 늘어나면 곤란하니까 일주일에 몇 번 정도는 걸어야겠어요.
- 언제부터 걸을 생각이신가요?
- 일단 오늘 퇴근할 때 걸어야겠어요. 오늘은 일찍 퇴근할 수 있을 것 같거든요.

이것이 바로 "얼마나 부족한 거야?"를 질문함으로써 행동 변화를 끌어내는 공식의 실천 사례다. 사실 질문의 힘을 느꼈으리라 생각한다.

[분석과 해결의 공식 ⑦]

상대가 "불가능해."라고 말했다면 "누가 그걸 하기로 결정했어?"라고 묻는다

"내 성적이 오르지 않는 건 학원이 나하고 맞지 않아서야.", "학원만 바꾸면 성적이 오를 텐데……." 같은 말은 아이들이 자주 하는 변명 중 하나다. 이런 말을 들으면 나도 모르게 "왜 그렇게 생각하니?", "지금 학원에 다니면서도 성적을 올릴 수 있지 않아?"라고 묻고 싶어지지만, 그렇게 물어보더라도 "지금 다니는 학원에서는 무리예요."라고 말할 거라는 걸 잘 알고 있다.

물론 실제로 학원이 자신과 맞지 않는 경우도 있겠지만, 이 상황에서의 문제는 본인이 무의식적으로 변명만 하는 경우다. 이럴 때는 무슨 질문을 해도 "그건 불가능해.", "무리야."라는 대답이 돌아올 것이다.

이처럼 대화 중에 "그건 불가능해."를 상징하는 표현을 발견했다면 그것을 키워드로 질문을 이어 가면 된다. 다음 사례를 통해 그 방법을 살펴보자. 참고로, 이것은 특정 단체의 이야기가 아니라 몇 가지 사례를 조합해서 알기 쉽게 재구성한 것이다.

> **분석과 해결의 공식 ⑦**
> "누가 그걸 하기로 결정했어?"

자선단체 V는 아동 빈곤 문제에 대처할 목적으로 월 1회 어린이 식당과 식량 지원 활동을 펼치고 있다. 이 단체에서는 식사가 끝난 뒤 돌아가기 전까지 그날의 반성이나 다음 달 연락 등을 위해 모든 아동과 자원봉사자, 직원이 모여 짧은 회의를 하고 있다.

그런데 단체 V의 대표인 W가 "최근 들어 아이들이 좀처럼 자리에 앉지 않아서 회의를 못하고 있어요. 그런 와중에 은근슬쩍 돌아갈 준비를 하는 아이가 많아져서 고민입니다."라는 이야기를 했다. W는 규칙을 지키지 않는 아이가 많아진 것이 원인이라고 생각했다.

이 상황에서 당신이라면 무엇을 키워드로 삼아 질문을 이어 가야 할까?

그곳에 동석했던 B는 다음과 같이 질문했다. 그는 사실 질문법을 사용하는 컨설팅에 조예가 깊은 사람이다.

"규칙이라고 말씀하셨는데, 어떤 규칙이 있습니까?"

W는 앞에서 언급한 규칙을 B에게 설명했다.

이에 B는 공식에 따라 질문을 이어 갔다.

"그 규칙은 누가 결정한 것입니까?"
"아이들은 어떻게 그 규칙을 공유하고 있나요?"

> W는 갑자기 무언가 깨달은 듯한 표정을 지었다. 아이들과 상의도 없이 정한 규칙을 무작정 강요한다고 해서 아이들이 지킬 리 없다는 사실을 깨닫고 할 말을 잃은 것이다. '아이들의 주체성을 키운다, 아이들 중심 사회, 아이들의 권리를 확대한다.' 같은 슬로건을 내걸었지만, 자신들부터 그 슬로건을 지키지 않고 있었다. 규칙을 지키지 않는 쪽은 사실 아이들이 아니라 그 단체였던 것이다.

이 사례에서 B가 주목한 것은 "규칙을 지키지 않는 아이들이 많아져서 운영이 어렵다."라는 W의 말이었다. 그래서 먼저 "어떤 규칙이 있습니까?"라고 '무엇? 질문'을 해서 내용을 확인한 뒤 "그 규칙은 누가 결정한 것입니까?"라고 단도직입적으로 물었다.

이 "누가 그걸 하기로 결정했어?"는 단체나 조직을 상대로 컨설팅할 때 굉장히 강력한 질문이다. 결정하는 과정에 관여하지 않았거나 그 과정을 공유받지 못한 사람에게 그런 결정 사항은 극단적으로 말하면 자신과 상관없는 문제다. 머리로는 이해할 수 있지만 자신의 일로 여기며 행동하기란 쉽지 않기 때문이다. 여러분도 자신의 경험을 되돌아보면 수긍이 갈 것이다.

만약 당신이 사실 질문이라는 것을 모른 채로 B의 질문을 옆에서 목격했다면 틀림없이 '와, 질문하는 솜씨가 보통이 아니네.'라고 생각했을 것이다. 그러나 이렇게 분석해 보니 사실 질문의 공식을 충실히 따랐을 뿐이라는 것을 알 수 있다. 이는 결코 어려운 기술이 아니다.

참고로 앞에서 소개한 학원 핑계를 대는 아이의 경우라면, "그 학원에 다닌다는 결정은 누가 한 거니?"와 같은 질문을 할 수 있다. 아이가 직접 결정했다면 이 질문을 받고 다시 한번 곰곰이 생각해 볼지도 모른다. 반대로 부모가 결정한 것이었다면 다시 생각해야 할 쪽은 부모인지도 모른다.

"누가 그걸 하기로 결정했어?"는 안개 속에 숨겨져 있었던 사실을 드러내는 강력한 질문이니 꼭 기억해 두자.

[분석과 해결의 공식 ⑧]

"알면서 왜 안 하는 거야?"라고 말하고 싶어졌다면 '살짝 웃음을 지으면서 잠시 상대의 눈을 바라본다'

여러 가지 분석과 해결의 공식에 따라 이것저것 질문하는 사이에 서서히 다음과 같은 사실이 밝혀졌다고 가정하자.

○ 상대는 나름 심각하지만 대처하는 편이 나은 문제를 안고 있다

○ 그것을 자각하고 있다
○ 나아가 어떻게 행동해야 하는지도 잘 알고 있다

요컨대 문제도, 그 문제에 대처하기 위해 무엇을 해야 할지도 이미 명확해진 상황이다. 그러나 모든 것이 이렇게까지 명확해졌지만 상대가 행동으로 옮길 기미를 보이지 않는 경우도 많다. 자신도 모르게 언성을 높이며 상대를 질책하고 "알면서 왜 안 하는 거야?"라며 설득하고 싶어지는 상황이다. 이런 경우에는 대체 어떻게 해야 할까?

그럴 때를 위한 분석과 해결의 마지막 공식을 소개하겠다.

> **분석과 해결의 의 공식 ⑧**
> "……"(살짝 웃음을 지으면서 잠시 상대의 눈을 바라본다)

이것이 마지막으로 소개하는 '분석과 해결의 공식'이다. 이런 상대에게 너무 적극적으로 대응하거나 낙담할 필요는 없다. "알면서 왜 안 하는 거야?"라고 말하고 싶어졌다면 '살짝 웃음을 지으면서 잠시 상대의 눈을 바라봐야' 한다. 상대를 지그시 바라보기만 하면 된다. 이런 상황에 맞닥뜨리면 나는 방글라데시의 친구가 가르쳐 준 다음과 같은 격언을 떠올린다.

말을 물가로 데려갈 수는 있어도,
목이 마르지 않은 말이 물을 마시게 할 수는 없다.

모든 사실이 명확해진 지금, 억지로 무언가를 덧붙이려고 질문할 필요는 없다. 어떻게 될지는 그때의 즐거움으로 남겨 놓으면 된다.

4단계
해결을 위해 '믿고 기다린다'

변화는 항상 '내부에서' 일어난다

여기까지 읽었다면 깨달았겠지만, 사실 질문법의 기본 해법은 **'문제는 당사자가 분석한다. 우리 외부인은 그것을 북돋는 것'뿐이라는 자세다.** 당신이 무언가 해결책을 제시할 필요는 없다.

다만 실제로 질문자가 분석을 북돋았다고 해서 당사자가 문제를 그 즉시 깨달을 거라는 보장은 없다. 잠시 시간이 지난 뒤 깨닫는 경우도 많다. 따라서 '기다리는' 자세가 정말 중요하다. 바꿔 말하면 상대가 마지막 한마디(깨닫는 말)를 할 때까지 기다릴 필요가 있다.

그런 일련의 흐름과 그 흐름 속에서 '기다리는' 자세의 중요성을 알기 쉽게 보여 주는 이야기를 소개하겠다. 실제 연수 상황이다.

"여기에 타원이 있습니다."

"이것이 무엇으로 보입니까?"
"달걀?"
"그렇습니다. 그렇다면 달걀은 누가 낳지요?"
"암탉이요."
"암탉은 달걀을 낳은 다음에 무엇을 할까요?"
"품어요."
"그렇습니다. 그렇다면 품기 시작해서 며칠 후에 알이 부화하는지 아시나요?"
농촌에서 자란 연수생 중에는 아는 사람이 많겠지만, 도시에서 자란 사람은 거의 알지 못할 것이다.
"평균 3주, 그러니까 21일 후에 부화합니다. 하지만 암탉이 3주 내내 달걀을 품고 있는 것은 아닙니다. 18일째 혹은 19일째가 되면 품는 것을 멈추고 어떤 행동을 하지요. 어떤 행동인지 아시나요?"
"알을 부리로 쪼는 것인가요?"
"맞습니다. 껍데기를 콕콕 쪼지요. 그러면 무슨 일이 일어날까요?"
"내부에서 병아리도 쪼아요."
"잘 아시는군요. 어미 닭의 부름에 응답해서 병아리도 안쪽에서 껍데기를 쪼지요. 그러는 사이에 무슨 일이 일어날까요?"
"껍데기가 안쪽에서 깨져서 병아리가 나와요."
"네. 이것이 부화의 메커니즘입니다. 자연은 참으로 신기하지요. 그런데 경우에 따라 18일째나 19일째에 어미 닭이 알을 쪼아도 안에서 아무런 반응이 돌아오지 않을 때가 있습니다. 그럴 때 어미 닭은 어떤 '행동(action)'을 합니다. 어떤 행동일까요?"
"발로 차서 달걀을 뒤집나요?"
"아닙니다."
"더 세게 쪼나요?"
"아닙니다."

"답은 '그저 기다린다.'입니다. 제가 행동이라고 말해서 어떤 움직임을 상상하신 것 같습니다만, '기다리는' 것만큼 적극적이고 어려운 행동은 없답니다. 반대로 외부에서 너무 강하게 알을 쪼면 안쪽으로 껍데기가 깨지기 때문에 병아리가 나오기 어려워지지요. 그래서 기다리는 수밖에 없습니다. 병아리가 스스로 껍데기를 깨고 나올 힘이 있다는 것을 '믿고 기다리는' 것이지요."

'믿고 기다리는' 자세는 사실 질문의 분석과 해결의 공식에서 가장 중요한 마음가짐이며, 나의 좌우명이기도 하다.

먼저, 알을 품어서 따뜻하게 덥힌다. 때가 되면 부리로 알을 쫀다. 타이밍이 맞지 않으면 아무리 쪼아 댄들 아무런 변화도 일어나지 않는다. 너무 세지 않게, 그렇다고 너무 약하지도 않게 적절히 쪼아야 한다. 너무 강하면 아직 덜 성숙한 알이 깨질 것이고, 너무 약하면 쪼는 소리가 들리지 않을 것이다. 그런 다음 '믿고 기다려야' 한다.

외부에서 자극을 줄 수는 있지만, 변화는 항상 내부에서 일어난다. 그런 믿음과 함께 '적절한 시기에 적절히 쪼았다.'는 행동에 대한 자신감이 없다면 기다리지 못하고 자신도 모르는 사이에 너무 심하게 쪼아 댈지도 모른다. 즉 상대가 스스로 깨닫기 전에 '제안'해 버리는 것이다.

믿고 기다리는 시간이 오래 걸릴 수도 있다. 하지만 병아리가 일단 자기 힘으로 껍데기를 깨고 나오면 그 뒤로는 스스로 성장할 수 있다. 이는 나뿐만 아니라 문제를 해결하기 위해 사실 질문법을 사용했던 많은 동료의 경험을 통해서도 알 수 있었다. 단발성 대화이든, 중장기적인 대화이든 마찬가지였다.

'변화는 내부에서 일어난다. 외부인은 믿고 기다릴 뿐.' 이것이야말로 타인의 행동 변화를 북돋우는 비결이다. 이는 교육에도 그대로 적용된다. 자녀를 상대로 사실 질문을 사용하려는 사람은 이 점을 반드시 명심해야 한다.

사실을 통해 얻은 깨달음이 행동 변화를 낳는다

① 들은 것은 _____.
　If I hear it, I will _____ it.
② 본 것은 _____.
　If I see it, I will _____ it.
③ 한 것은 _____.
　If I do it, I will _____ it.
④ _____ 것은 사용한다.
　If I _____ it. I will use it.

이러한 아이디어를 알기 쉽게 전하기 위해, 사실 질문법 연수에서는 강사가 먼저 칠판에 위와 같이 적고 빈칸에 들어갈 말이 무엇인지 질문한다.

각각의 빈칸에 들어갈 말은 무엇일까? 본래는 영어로 질문하기에 영어를 함께 표기했다.

답은 위에서부터 순서대로 잊는다(forget), 기억한다(remember), 안다/익힌다(know/learn)이다. 그리고 여기에서 가장 중요한 것은 마지막 ④의 빈칸이다. 여기에 어떤 단어가 들어가는지 쉽게 대답하지 못하는 경우가 많다. 강사는 끈기 있게 참가자들의 답변을 기다린다. 그러면 이윽고 'find'나 'discover' 같은 '찾아낸다.'를 의미하는 대답을 생각해 낸다.

사람은 스스로 찾아낸 것 이외에는 대부분 잊어버린다. 그리고 잊어버리면 사용할 수 없다. 현장에서도 상대가 스스로 답을 찾아낼 때까지 끈기 있게 북돋울 필요가 있다.

스스로 발견하는 것의 의의는 '잊지 않는다.'에 머물지 않는다. 사람은 스스로 답을 찾아냈을 때 깨닫는 행위 자체의 기쁨을 만끽할 수 있다. 그리고 그 기쁨을 에너지 삼아 행동 변화를 위한 첫걸음을 내디딜 수 있다. 같은 답이라도 스스로 찾아내는 것과 타인이 가르쳐 주는 것은 심리적인 효과 면에서 하늘과 땅만큼의 차이가 있다. 당사자의 '깨달음'이야말로 '행동 변화'를 위한 커다란 에너지가 되는 것이다.

이렇게 말하는 나 역시 과거에는 좀처럼 기다리지 못하고 답을 제안하거나 유도한 적이 많았다. 특히 상대가 나보다 지위가 낮거나 내게 조언을 구한 경우 답을 가르쳐 주는 행위에 아무런 의문을 느끼지 않았다. 지금도 그런 일이 전혀 없다고는 말할 수 없지만, 그래도 상당히 오래 기다릴 수 있게 된 것만큼은 분명하다. 그런 행동 변화를 가져다준 것은 '믿고 기다리는' 상대에게 생각지도 못했던 변화가 일어난 것을 확인했던 경험이 반복되면서부터였다.

이런 이야기를 하면 "그렇다면 얼마나 기다려야 하나요?"라는 질문을 반드시 받는다. 그 질문에 나는 "평소의 나라면 지금쯤 무언가를 제안했겠구나, 하고 깨달은 시점에서 1분만 더 기다려 보세요."라고 대답한다. 행동 변화로 이끄는 길은 시도하는 사이에 다른 패턴이 만들어지고 그것이 어느새 몸에 배게 하는 것 이외에는 없는 것 같다.

나는 국내외에서 매년 다양한 사람을 상대로 장단기 연수를 실시하고 있다. 연수가 끝난 후 어느 정도 시간이 지난 사람에게 물어보면 반드시 앞에서 소개한 달걀 이야기를 꺼낸다.

"그전까지는 참지 못하고 제가 먼저 제안했는데, 연수받은 뒤로는 그 암탉과 달걀의 그림을 떠올리면서 꾹 참고 기다리게 되었습니다. 그랬더니 생각지도 못했던 결과가 일어나더군요." 이런 굉장히 기쁜 이야기를 들은 적이 한두 번이 아니다. 특히 교육을 할 때나 가정에서 육아할 때 효과가 컸다고 한다. 여러분도 '사실 질문으로 껍질을 쪼고, 이후에는 믿고 기다리는' 방법을 직장이나 가정에서 직접 실천해 보기 바란다.

① 들은 것은 잊는다.

If I hear it, I will forget it.

② 본 것은 기억한다.

If I see it, I will remember it.

③ 한 것은 익힌다.

If I do it, I will learn it.

④ 발견한 것은 사용한다.

If I find it. I will use it.

에필로그

먼저 확실히 말하고 넘어갈 것이 있다. 이 책에서 소개한 질문법은 내가 개발한 것이 아니라는 사실이다. 이 기법의 근간을 만들어낸 사람은 내가 오랫동안 활동한 국제 협력 NGO(현 NPO 인증 법인) '마을의 미래' 창립자이며 내 스승이자 동료이기도 한 와다 노부아키 씨다. 과거 국제 협력 현장에서 현지인을 대상으로 한 그의 대화 솜씨에 충격을 받고, 그 대화술을 익히고 싶다는 생각에 체계화시킨 것이 바로 '사실 질문법'이다. 와다 씨가 실천을 통해 기법을 만들어 다듬었고, 내가 그것을 사람들에게 보급하기 편한 형태로 정리했다고 할 수 있다.

지금까지는 주로 국제 협력 전문가를 비롯해 사회복지, 보건 의료, 교육 등 대인 지원에 관련된 사람들에게 이 기법을 보급해 왔다. 그리고 이 기법이 부모와 자녀의 의사소통, 특히 사춘기 자녀와 부모의 의사소통 강좌 등에서도 가족을 비롯한 가까운 인간관계 개선에 큰 도움이 되었다는 것을 알게 되었다. 이 책에 소개한 사실 질문법은 그런 보급 활동을 통해 완성된 것으로, 어떤 의미에서는 그 집대성이라고도 할 수 있다.

이 질문법이 의사소통의 질을 높이는 데 도움이 되기를 진심으로 기원한다. 선입견을 깨닫는 것이 늘 기분 좋은 일이라고는 말할 수 없다. 때로는 괴로움을 동반하기도 한다. 그것을 타인과 공유하는 것은 부끄러운 일이기에 용기가 필요할 때도 있다.

당장 도움이 되지 않더라도 이 책을 읽으면서 사실과 생각(=선입견)을 구별해 보면서 머리가 개운해지는 경험을 조금이나마 할 수 있다면 참으로 기쁠 것이다.

마지막으로, 당연한 말이지만 많은 분의 실천과 조언이 없었다면 이 책은 탄생할 수 없었다. 그분들께 깊은 감사의 인사를 전한다. 동시에, 이 책을 읽은 독자 여러분 중에도 새로운 실천 보고자가 나타나기를 기대하면서 이 책을 마무리한다.

나카타 도요카즈

'왜?'라고 묻지 않는 소통의 질문력

초판 1쇄 발행 2025년 12월 23일

지은이 | 나카타 도요카즈
옮긴이 | 김정환
펴낸이 | 정광성
펴낸곳 | 알파미디어
편집본부장 | 임은경
편집 | 장기영
디자인 | 황하나
홍보, 마케터 | 차재영

출판등록 | 제2018-000063호
주소 | 05387 서울시 강동구 천호옛12길 18, 한빛빌딩 2층(성내동)
전화 | 02 487 2041
팩스 | 02 488 2040
ISBN | 979-11-7502-009-2 (03830)

*이 책은 저작권법에 따라 보호를 받는 저작물이므로 무단전재와 복제를 금합니다.
*이 책 내용의 전부 또는 일부를 사용하려면 반드시 저작권자의 서면 동의를 받아야 합니다.
*잘못된 책이나 파손된 책은 구입하신 서점에서 교환하여 드립니다.

알파미디어에서는 책에 관한 기획이나 원고 투고를 기다리고 있습니다. 출간을 원하시는 분은 alpha_media@naver.com으로 연락처와 함께 기획안과 원고를 보내주세요.